PÊL-DROEDWYR SIR Y FFLINT

Pêl-droedwyr
Sir y Fflint

Steven Jones

Argraffiad cyntaf: 2005

© Steven Jones

Cedwir pob hawl.

Ni chaniateir atgynhyrchu unrhyw ran o'r cyhoeddiad hwn, na'i gadw mewn cyfundrefn adferadwy, na'i drosglwyddo mewn unrhyw ddull na thrwy unrhyw gyfrwng, electronig, electrostatig, tâp magnetig, mecanyddol, ffotogopïo, recordio, nac fel arall, heb ganiatâd ymlaen llaw gan y cyhoeddwyr, Gwasg Carreg Gwalch, 12 Iard yr Orsaf, Llanrwst, Dyffryn Conwy, Cymru LL26 0EH.

Rhif Llyfr Safonol Rhyngwladol:
1-84527-018-5

Cynllun clawr: Sian Parri

Lluniau clawr a thu mewn:
Mae pob llun yn eiddo i PA Photos, ac eithrio'r lluniau o Gareth Owen a Grenville Millington, sy'n eiddo i'r Evening Leader

Argraffwyd a chyhoeddwyd gan Wasg Carreg Gwalch,
12 Iard yr Orsaf, Llanrwst, Dyffryn Conwy, LL26 0EH.
☎ 01492 642031
📠 01492 641502
✆ llyfrau@carreg-gwalch.co.uk
Lle ar y we: www.carreg-gwalch.co.uk

Diolchiadau

Hoffwn ddiolch yn fawr iawn i'r canlynol:

Eisteddfod Gadeiriol Bro Treffynnon · Nic Parry · Moi Parri · Gwydion Meurig
Cledwyn Ashford · Peter Jones · Steve Groves · Ceri Stennett · David McCall
Dylan Llywelyn · Gary Pritchard · Meilyr Evans · Glyn Griffiths
Ysgol Gynradd Brynffordd · Ann Killa · Linda Greenough · Testun Cyf.
Mark Jones · Myrddin ap Dafydd, Gwasg Carreg Gwalch
Clwb Pêl-droed y Glannau · Fy nheulu i gyd.

Oni bai ei fod yn cael ei ddilyn gan rif, mae pob dyfyniad yn ffrwyth cyfweliad â'r unigolion. Mae llyfryddiaeth lawn yng nghefn y llyfr. Cafodd rhai pobl eu cyf-weld dros y ffôn, eraill trwy holiadur, a rhai eraill wyneb-yn-wyneb. Hoffwn ddiolch yn fawr i bawb a roddodd o'u hamser i ateb fy nghwestiynau.

*Cyflwynaf y llyfr hwn
i 'Nhad – dyn cyffredin o Dreffynnon,
pêl-droediwr da yn ei ddydd ac unigolyn
sydd wedi fy ysbrydoli erioed.*

Cynnwys

Cyflwyniad 8

Y Chwaraewyr:

Gôl-geidwaid
- Anthony Millington 14
- Grenville Millington 16
- Mark Morris 20
- Tony Norman 22

Amddiffynwyr
- Mike England 26
- Alan Fox 30
- Andy Holden 34
- Thomas George Jones 35
- Ray Lambert 40
- Kevin Ratcliffe 41

Chwaraewyr Canol Cae
- Ron Hewitt 48
- Barry Horne 66
- Gareth Owen 69
- Gary Speed 71
- Roy Vernon 75

Ymosodwyr
- Ron Davies 80
- John Lyons 86
- Michael Owen 89
- Ian Rush 92
- David Smallman 99

Cymdeithas Pêl-droed Ysgolion Cynradd
Glannau Dyfrdwy/Sir y Fflint 103

Diweddglo 107

Llyfryddiaeth 108

Cyflwyniad

Wrth dyfu i fyny yn Sir y Fflint roedd yn beth anodd, os nad yn amhosibl, osgoi pêl-droed. Roedd y gêm yn rhan annatod o'm magwraeth i yn Nhreffynnon, ac o oedran cynnar iawn roeddwn yn ymwybodol bod y rhan fwyaf o'm teulu a'm ffrindiau'n gwirioni ar y gamp. Boed yn chwarae pêl-droed ar feysydd y sir, yn teithio i wylio gêm arbennig, neu'n trafod y gêm yn ddi-baid, mae pêl-droed wedi chwarae rhan fawr yn fy mywyd i, ac ym mywydau llawer o drigolion eraill Sir y Fflint. Afraid dweud ei bod hi'n dal i fod felly hyd heddiw!

O safbwynt fy nheulu fy hun, mae'n debyg mai etifeddu diddordeb Dad mewn pêl-droed fu hanes fy nhri brawd, fy chwaer a minnau. Hyd heddiw mae Mam yn hoff iawn o adrodd y stori am Dad yn cynnig mynd â hi i Lerpwl ar eu 'dêt' cyntaf. Â Mam yn edrych ymlaen yn arw at y cyfle i ymweld â'r holl siopau a'r adeiladau roedd hi wedi clywed cymaint o sôn amdanyn nhw, fe'i cafodd ei hun oriau'n ddiweddarach yn sefyll ar y 'Kop' yn gwylio gêm bêl-droed! Yn ffodus iawn, wnaeth hi ddim dal dig, ond dysgodd Dad y wers nad oedd pawb yn gwirioni ar bêl-droed, ac roedd ei gariad newydd yn sicr heb unrhyw ddiddordeb yn y gêm!

Os oes rhywun ag angen prawf o bwysigrwydd cyffredinol pêl-droed i Sir y Fflint heddiw, y cwbl sydd angen ei wneud yw mynd allan ar y penwythnos a gweld faint o gêmau sy'n cael eu chwarae. Cewch weld gêmau cynghreiriau Sadwrn a Sul, a hynny ledled y sir mewn llefydd fel Glannau Dyfrdwy, y Fflint, yr Wyddgrug a Threffynnon. Ewch am dro i un o'r llu o bentrefi yn Sir y Fflint fel Mostyn, Caerwys neu Fynydd Isa, ac mae siawns go lew y bydd gêm bêl-droed yn cael ei chwarae yno. Mae cynghreiriau pêl-droed i blant yn ogystal ag oedolion, ac rwy'n falch o ddweud bod mwy o ferched Sir y Fflint yn dechrau chwarae'r gêm hefyd erbyn hyn.

Pêl-droed yw gêm y buarth yn y rhan fwyaf o'r ysgolion, a diolch i waith clodwiw Adran Datblygu Pêl-droed Cyngor Sir y Fflint, caiff plant yn yr ysgolion cynradd y cyfle i wella'u sgiliau dan gyfarwyddyd hyfforddwyr trwyddedig. Mae gan dîm Ysgolion Cynradd Glannau Dyfrdwy/Sir y Fflint hanes hir ac anrhydeddus, ac mae chwaraewyr fel Gary Speed, Ian Rush a

Michael Owen wedi chwarae i'r tîm hwnnw yn y gorffennol. Ond un elfen yn unig yw chwarae'r gêm. Mae safle daearyddol Sir y Fflint yn ei gwneud hi'n hawdd iawn i gefnogwyr clybiau mawr fel Lerpwl, Everton a Manchester United fynd i wylio'u hoff dimau. Bob wythnos mae bysiau'n gadael Sir y Fflint er mwyn cludo cefnogwyr i'r dinasoedd mawrion, a gall y bysiau hyn gyrraedd dinasoedd megis Lerpwl a Manceinion mewn ychydig dros awr.

Rhaid dweud bod agosatrwydd y sir at rai o brif glybiau'r Uwch Gynghrair wedi ei gwneud hi'n anos i glybiau fel Cei Connah, y Fflint, yr Wyddgrug a Threffynnon ddenu torfeydd, ond serch hynny, erbyn heddiw mae Cei Connah ac Airbus UK yn cystadlu yn y Gynghrair Genedlaethol. Mae cryn dipyn o gefnogaeth i Glybiau Pêl-droed Wrecsam a Dinas Caer o fewn y sir hefyd, a phob tro mae Cymru'n chwarae gêm ryngwladol yn Stadiwm y Mileniwm, mae nifer fawr yn gwneud y siwrne i'r brifddinas.

Wrth ystyried yr holl fwrlwm o safbwynt chwarae'r gêm ar bob lefel, a'r traddodiad hir sydd gan drigolion y sir o ymddiddori yn y gamp, nid yw'n syndod bod Sir y Fflint wedi meithrin llu o chwaraewyr pêl-droed o safon ar hyd y blynyddoedd. Mae llawer wedi chwarae pêl-droed yn broffesiynol, ac mae nifer sylweddol ohonynt wedi mynd ymlaen i chwarae'r gêm ar y lefel ryngwladol. Yn wir, gellid dadlau bod cyfraniad Sir y Fflint o safbwynt meithrin chwaraewyr pêl-droed proffesiynol wedi bod yn hollol unigryw. O ddoniau disglair T.G. Jones, amddiffynnwr Everton, i allu ymosodol Roy Vernon, ac ymlaen at ddawn sgorio dihafal Ian Rush, mae toreth o chwaraewyr o'r safon uchaf wedi dod o'r sir, a hynny dros gyfnod maith.

Bwriad y gyfrol hon yw cyflwyno ugain o bêl-droedwyr Sir y Fflint ac ystyried eu cyfraniad i'r byd pêl-droed. Wrth ddewis a dethol y chwaraewyr i'w cynnwys, rwyf yn ymwybodol iawn nad wyf wedi gallu trafod cyfraniad pob unigolyn, yn arbennig felly y rheiny o'r cyfnodau cynharach. Dylid nodi hefyd bod ffiniau Sir y Fflint wedi newid dros y blynyddoedd, a gall fod rhai chwaraewyr a aned neu a faged yn Sir y Fflint yn ystod eu cyfnodau hwy na fyddent yn drigolion y sir erbyn heddiw oherwydd newid yn y ffiniau. I bwrpas y gwaith hwn, rwyf wedi cadw at ffiniau presennol y sir.

Rwyf wedi dewis pêl-droedwyr a gafodd eu magu yn Sir y Fflint ac sydd wedi bod trwy strwythurau pêl-droed y sir. Mae'r sefyllfa a fodolai o safbwynt lleoliad ysbytai yn golygu na chafodd pob un o'r chwaraewyr eu geni o fewn ffiniau'r sir, ond mae pob un ohonynt wedi'i fagu yn Sir y Fflint. Er enghraifft, er iddo gael ei eni yng Nghaer, cafodd Michael Owen ei fagu yn Sir y Fflint, mynychodd ysgolion yn y sir, chwaraeodd i dimau ieuenctid lleol a thîm Ysgolion Cynradd Glannau Dyfrdwy, ac felly caiff yntau ei gynnwys.

Rhannwyd y gwaith yn bedair adran, sef 'Gôl-geidwaid', 'Amddiffynwyr', 'Chwaraewyr Canol Cae' ac 'Ymosodwyr', ond dylid nodi bod newid mawr wedi digwydd ar hyd y blynyddoedd o safbwynt systemau chwarae. Mae llawer o'r pêl-droedwyr sy'n ymddangos yn y gwaith hwn yn perthyn i gyfnodau hollol wahanol, ac mae'n anodd eu trefnu'n daclus ar sail y systemau chwarae modern. Er hwylustod, rwyf wedi cynnwys chwaraewyr fel Ron Hewitt a Roy Vernon o fewn yr adran 'Chwaraewyr Canol Cae', er fy mod yn ymwybodol iawn mai 'Inside Forward' oedd safle priodol y ddau, ac y byddent, mewn gwirionedd, yn chwarae ychydig y tu ôl i'r llinell flaen.

Mae'r chwaraewyr a drafodir yn y gwaith hwn wedi chwarae i amrywiaeth o glybiau, ond mae'n ddiddorol nodi bod 10 ohonynt wedi chwarae i Wrecsam ar ryw adeg, 6 i Gaer, 6 i Everton a 3 i Lerpwl. Mae 6 wedi bod yn gapten ar dîm Cymru, mae Mike England wedi rheoli Cymru, a Michael Owen wedi capteinio Lloegr. Chwaraeodd Ron Hewitt a Roy Vernon i Gymru yn rowndiau terfynol Cwpan y Byd yn Sweden ym 1958, ac mae llawer o'r chwaraewyr wedi ennill tlysau megis Pencampwriaeth yr Adran Gyntaf, Cwpan FA Lloegr a Chwpan y Gynghrair. Bu Mike England, Kevin Ratcliffe, Ian Rush a Michael Owen yn ddigon ffodus i fod yn aelodau o dimau a enillodd gwpanau yn Ewrop hefyd.

Mae llawer o'r pêl-droedwyr hyn wedi chwarae i dîm Ysgolion Cynradd Glannau Dyfrdwy/Sir y Fflint ar ryw adeg, felly rwyf wedi cynnwys pennod yn olrhain hanes y Gymdeithas Bêl-droed honno yn ogystal.

Fel y dengys llwyddiant yr unigolion a drafodir yn y gwaith

hwn, mae gan Sir y Fflint draddodiad hir o feithrin pêl-droedwyr o safon, ac mae'n bwysig bod y cyfraniad yma'n cael ei gofio. Gellid dewis tîm hynod o gryf o'r chwaraewyr hyn, a byddai'r posibilrwydd o weld chwaraewyr o wahanol gyfnodau, rhai fel Mike England, T.G. Jones, Roy Vernon, Gary Speed ac Ian Rush, yn yr un tîm yn tynnu dŵr i'r dannedd. Yn wir, byddai'n bosibl creu rhyw fath o 'dream team' Sir y Fflint, ond nid gwaith hawdd fyddai dewis yr unigolion i fod yn rhan ohono!

Un o'm prif gymhellion wrth ysgrifennu'r llyfr hwn yw ceisio sicrhau na fydd campau pêl-droedwyr Sir y Fflint y gorffennol yn mynd yn angof. Cefais fraw yn ddiweddar wrth sylweddoli nad oedd fy nai ifanc o Dreffynnon erioed wedi clywed am bêl-droedwyr megis Mike England, Roy Vernon a Ron Davies. Ymgais yw'r llyfr bach hwn i geisio unioni'r cam hwnnw.

Cofiaf fy nghyn-athro Hanes yn Ysgol Uwchradd Treffynnon yn ein siarsio ers talwm bod 'hanes yn cychwyn wrth ein traed'. Yn achos yr unigolion y sonnir amdanynt yn y gyfrol hon, mae pêl droed wrth y traed hynny!

Gôl-geidwaid

Anthony Millington

Ganwyd Tony Millington ym Mhenarlâg ar Fehefin 5ed 1943, yn un o ddau o blant. Mynychodd Ysgol Gynradd Ewloe Green ac yna Ysgol Uwchradd Glannau Dyfrdwy, a chwaraeodd bêl-droed i dimau'r ysgolion hyn. Cyn hir datblygodd gallu Tony fel gôl-geidwad, ac roedd o'n ddigon da i gael ei ddewis i dîm bechgyn Sir y Fflint. Cafodd Tony gyfnodau yn chwarae i Everton, Connah's Quay Nomads a Sutton Town fel amatur, ond yng Ngorffennaf 1959 arwyddodd i glwb West Bromwich Albion fel chwaraewr proffesiynol.

Arhosodd gyda West Brom am gyfnod o bum mlynedd, ond dim ond 40 o gêmau cynghrair a chwaraeodd dros y clwb. Ym 1964 symudodd i Crystal Palace, ond profodd rwystredigaeth unwaith eto wrth iddo chwarae cyfanswm o ddim ond 16 gêm gynghrair mewn dau dymor. Erbyn hyn roedd Tony Millington yn 22 oed ac yn ysu am gael y cyfle i ddangos ei ddoniau fel gôl-geidwad. Daeth y cyfle hwnnw o'r diwedd ym Mawrth 1966 wrth iddo symud i Peterborough United a dechrau chwarae'n rheolaidd i'r tîm cyntaf.

Roedd Tony Millington yn gôl-geidwad greddfol, eofn, oedd yn gallu adweithio'n chwim i atal ergydion. Roedd ganddo gic nerthol iawn, a'r gallu i gyfathrebu'n dda â'i amddiffynwyr. Erbyn 1969 roedd wedi chwarae 118 o gêmau cynghrair dros Peterborough, a phenderfynodd adael y clwb i ymuno ag Abertawe yn y Bedwaredd Adran. Mwynhaodd Tony lwyddiant mawr gyda'i glwb newydd, ac yn ystod ei dymor cyntaf rhwng y pyst enillodd Abertawe ddyrchafiad i'r Drydedd Adran.

Ym 1970 cafodd Tony brofiad unigryw tra oedd yn chwarae i Abertawe mewn gêm Cwpan FA Lloegr ar gae'r Vetch, fel mae o ei hun yn egluro.

> '*Rhyl oedd ein gwrthwynebwyr y diwrnod hwnnw, ac roedd fy mrawd iau, Grenville, yn chwarae yn y gôl iddyn nhw. Fel tîm amatur roedd Rhyl wedi gwneud yn wych yn y gwpan y flwyddyn honno, ond yn y diwedd mi wnaethon ni eu curo o 6 gôl i 1!*'

Daeth rhediad Abertawe yn y gwpan i ben y flwyddyn honno wrth iddynt golli o 3 gôl i 0 yn erbyn Lerpwl. A phwy sgoriodd gôl gyntaf y cochion heibio i Tony Millington yn y gêm honno? Neb llai na'r Cymro John Toshack, a ddaeth yn arwr i gefnogwyr yr Elyrch yn y blynyddoedd i ddod.

Penderfynodd Tony Millington ymddeol o'r gêm ym 1974 ar ôl chwarae 178 o gêmau cynghrair dros Abertawe. Gadawodd y byd pêl-droed a symudodd i Ogledd Iwerddon i weithio i'w dad-yng-nghyfraith. Yn anffodus, torrodd ei wddw mewn damwain car ddifrifol ym 1975, a bu'n gaeth i gadair olwyn byth ers hynny. Ar ôl iddo symud i ardal Wrecsam i fyw cafodd ei wahodd gan y Gymdeithas Bêl-droed fel gwestai arbennig i wylio un o gêmau Cymru ar y Cae Ras. Pan gyrhaeddodd Tony'r cae yn ei gadair olwyn fe'i cafodd yn anodd iawn gwylio'r gêm, ac roedd prynu panad o de hanner amser bron yn amhosib. Yn sgil y profiad hwnnw penderfynodd Tony geisio gwella'r cyfleusterau ar gyfer cefnogwyr anabl yn y Cae Ras, a byth ers hynny mae o wedi gweithio'n galed gyda chydweithrediad y clwb i helpu cefnogwyr anabl i fwynhau'r profiad o wylio pêl-droed yn Wrecsam.

Er gwaetha'r ffaith iddo chwarae i glybiau yn yr adrannau is, mwynhaodd Tony Millington lwyddiant mawr ar y lefel ryngwladol, ffaith sy'n tystio i'w allu fel gôl-geidwad. Enillodd Tony 4 o gapiau dan 23 oed i Gymru, ac aeth ymlaen i chwarae 21 o weithiau dros y tîm llawn. Yn aml iawn yn ystod y cyfnod hwnnw byddai Tony yn rhannu'r gwaith fel gôl-geidwad Cymru gyda Gary Sprake, a daeth y ddau'n ffrindiau da, gan brofi ambell ddigwyddiad doniol ar hyd y ffordd.

'Dwi'n cofio bod yn eilydd i Gary mewn gêm gyfeillgar rhwng Cymru a'r Ffindir ar y Vetch yn Abertawe,' meddai Tony. 'Roedd hi'n noson ofnadwy ac yn tywallt y glaw. Roedd Cymru ymhell ar y blaen yn y gêm ac roedd y mwd yn y cwrt cosbi wedi mynd dros esgidiau Gary. Cyn hir dechreuodd Gary alw arna i, ond ceisiais ei anwybyddu! Roeddwn i'n gwybod ei fod o eisiau dod i ffwrdd, ac wrth iddo alw'n uwch wnes i ddim cymryd sylw! Yn y diwedd roedd o'n gweiddi nerth ei ben, felly bu'n rhaid i mi fynd ato. Dywedodd nad oedd o ddim yn teimlo'n dda a'i fod eisiau cael ei eilyddio hanner amser! Felly bu'n rhaid i mi chwarae'r ail hanner ac roeddwn i'n fferru, wedi gwlychu at fy nghroen, a heb fawr ddim i'w wneud!'

Enillodd Tony ei gap cyntaf i Gymru yn erbyn yr Alban ym

1963, ac mae'n ystyried y gêm honno yn uchafbwynt ei yrfa.

'Roedd chwarae i Gymru am y tro cyntaf yn wefr go iawn, ond yr hyn a wnaeth yr achlysur yn fwy arbennig oedd y ffaith fod John Charles yn yr un tîm. Hogyn ifanc oeddwn i ar y pryd, ac yn amlwg roeddwn i ychydig yn nerfus, ond helpodd John Charles i mi deimlo'n rhan o bethau.'

Aeth Tony ymlaen i chwarae yn erbyn timau mawr fel Brasil, yr Eidal a Gorllewin yr Almaen, a llwyddai'r hogyn o Benarlâg i godi ei gêm bob tro y gwisgai'r crys coch. Enillodd ei gap olaf yn erbyn Rwmania ym 1972.

Grenville Millington

Peth digon anghyffredin yw i ddau frawd lwyddo i gyrraedd y safon angenrheidiol i fod yn bêl-droedwyr proffesiynol, ond digwyddiad mwy anarferol fyth yw i ddau frawd chwarae fel gôl-geidwaid! Dyna, serch hynny, a ddigwyddodd yn hanes y brodyr Millington, wrth i'r brawd iau, Grenville, benderfynu dilyn ôl troed ei frawd mawr, Tony, fel gôl-geidwad proffesiynol.

Ganwyd Grenville Millington ar Ragfyr 10fed, 1951 yn 4 Dee View Crescent, Queensferry. Mynychodd Ysgol Gynradd Queensferry a'r ysgol uwchradd leol, a chwaraeodd fel gôl-geidwad i dimau pêl-droed yr ysgolion hynny.

'Gôl-geidwad oeddwn i o'r cychwyn cyntaf,' meddai. *'Wnes i ddim chwarae yn yr un safle arall i 'nhimau ysgol na thimau ieuenctid.'*

Cafodd hyfforddwyr pêl-droed cynnar Grenville ddylanwad mawr arno, ac roedd o'n ffodus iawn i allu elwa o brofiad a chyngor athrawon ymroddedig.

'Cafodd dau athro ysgol ddylanwad mawr arna i yn fy natblygiad fel gôl-geidwad,' meddai. *'Roedd Ron Bishop o'm cyfnod i yn Ysgol Gynradd Queensferry a Neville Graton o Ysgol Uwchradd Aston yn hyfforddwyr ardderchog oedd yn fodlon treulio llawer o'u hamser sbâr yn fy helpu i a phêl-droedwyr lleol eraill.'*

Cafodd Grenville ei ddewis fel gôl-geidwad i dîm Ysgolion Glannau Dyfrdwy, ond er iddo gael treialon i lawer o glybiau, ni chafodd gytundeb gyda'r un ohonyn nhw. Yn ystod y blynyddoedd ar ôl hynny treuliodd Grenville gyfnod byr yn chwarae i Gaer, cyn symud ymlaen i chwarae i'r Rhyl yng Nghynghrair Swydd Caer.

Mae o'n cofio chwarae yn erbyn ei frawd mawr, Tony, ym 1970 yn gêm gwpan FA Lloegr ar gae'r Vetch yn Abertawe.

'Roedd Rhyl yn chwarae yng Nghynghrair Gorllewin Caer ar y pryd ac roedden ni wedi gwneud yn wych i guro Barnsley yn y rownd flaenorol,' meddai. *'Mae fy mrawd a minnau'n hoffi siarad am y gêm honno yn Abertawe pan oedden ni'n chwarae yn y gôl yn erbyn ein gilydd, ond dydw i ddim yn hoffi siarad am y sgôr!'*

Chwaraeodd Grenville am ddau dymor i'r Rhyl cyn cael ei arwyddo gan Gaer eto ym Medi 1973, ac wrth edrych yn ôl heddiw mae o'n falch iawn o'i gyfnod fel chwaraewr amatur.

'Ar lefel bersonol, roeddwn i'n hynod falch o gael fy newis i dîm amatur Cymru,' meddai. *'Ac yn ogystal â hynny, roeddwn i'n falch iawn o gael fy nghynnwys yng ngharfan Olympaidd Prydain ym 1970. Teithiais efo'r garfan i Fwlgaria ar gyfer gêm gymhwyso Olympaidd, ac wrth i mi eistedd yn yr awyren sylweddolais fod pymtheg chwaraewr o Loegr yn yr un garfan â fi! Er gwaetha'r ffaith na wnes i ddim chwarae yn y gêm, wrth edrych yn ôl heddiw roedd o'n dipyn o anrhydedd i mi gael fy newis i'r garfan.'*

Aeth Grenville ymlaen i fwynhau gyrfa lewyrchus iawn fel gôl-geidwad Caer, ac arhosodd efo'r clwb am naw tymor. Chwaraeodd y Cymro mewn llawer o gêmau cwpan cofiadwy, ac roedd yn rhan o'r tîm a gyrhaeddodd rownd gyn-derfynol Cwpan y Gynghrair ym 1974/75, gan guro Newcastle a Leeds ar y ffordd. Ym 1975 enillodd Caer ddyrchafiad i'r Drydedd Adran am y tro cyntaf yn hanes y clwb, ac roedd perfformiadau Grenville yn y gôl yn allweddol i'w llwyddiant. Ym 1977 cyrhaeddodd Caer bumed rownd Cwpan FA Lloegr am y tro cyntaf yn ei hanes, cyn colli i Wolves.

'Cafodd Caer nifer o rediadau cwpan gwych yn ystod fy nghyfnod i yno,' meddai Grenville, *'ac roeddwn i'n falch iawn o gael bod yn*

rhan ohonynt. Roedd ennill dyrchafiad efo Caer am y tro cynta mewn can mlynedd o hanes y clwb yn brofiad ardderchog hefyd.'

Chwaraeodd Grenville 290 o gêmau cynghrair cyn gadael Caer ar ddiwedd tymor 1982/83, ac er ei fod wedi bwriadu ymddeol o'r gêm, cafodd ei arwyddo fel chwaraewr heb gytundeb gan reolwr Wrecsam, Bobby Roberts, ym 1983. Chwaraeodd Grenville 14 o weithiau dros Wrecsam cyn gorffen ei yrfa gyda Connah's Quay Nomads a Bwcle.

Wrth edrych yn ôl heddiw, mae gan Grenville lawer o atgofion da o'i gyfnod fel pêl-droediwr proffesiynol, ac ambell stori ddoniol hefyd.

'Doeddwn i erioed yn gymeriad doniol fy hun,' meddai Grenville, 'er, mae'n bosib bod fy mherfformiadau fel gôl-geidwad yn ddoniol! Ond wrth i mi fagu mwy o brofiad fel pêl-droediwr dechreuais ymlacio mwy a mwynhau'r adegau doniol. Dwi'n cofio chwarae i Gaer yn Colchester ar ddiwedd y tymor unwaith, ac er ein bod ni yng nghanol y tabl, roedd Colchester angen dau bwynt i gyrraedd y pedwar uchaf a sicrhau dyrchafiad. Roedd y cae ar lethr ac roedd y dorf yn agos iawn atoch chi. Gyda phum munud o'r gêm yn weddill, ildion ni gic o'r smotyn ac roedd y dorf yn mynd yn wallgof. Rhoiodd eu chwaraewr nhw y bêl ar y smotyn, ac wrth iddo gamu'n ôl, yn sydyn iawn cerddodd un o'n chwaraewyr canol cae ni, dyn o'r enw Ian Seddon, ymlaen a sefyll o 'mlaen. Erbyn hyn roedd y dorf yn mynd yn fwy gwallgof. Felly edrychais ar Ian Seddon a dweud, "Iawn, te, Ian. Be ti'n feddwl am y gic 'ma?" A'i ateb annisgwyl oedd, "Deuda wrtha i, Grenville, be sy mlaen yn y pictiwrs yng Nghaer?" Roeddwn yn hollol syfrdan wrth glywed hyn, a deudais, "Does gynna i ddim syniad Ian, pam?" "Wel," meddai, "pan awn ni'n ôl dwi'n meddwl mynd â'r wraig yno." A dechreuodd gerdded i ffwrdd! "Wel, Ian," galwais ar ei ôl, "wyt ti'n gwybod pa ffordd mae hwn yn mynd i daro'r penalti 'ma neu be?" "Be?" oedd ei ateb o. "Na, sori. Does gynna i ddim syniad!" Ac i ffwrdd â fo!'

Digwyddiad arall sy'n sefyll allan yng nghof Grenville yw'r hyn a ddigwyddodd mewn gêm yn erbyn Plymouth ar gae Ffordd Sealand yng Nghaer.

'Yn ystod y dyddiau hynny roedd ganddon ni byst pren henffasiwn oedd wedi'u gosod mewn concrit yn y ddaear,' esbonia Grenville. *'Dwi'n cofio chwarae gartref yn erbyn Plymouth unwaith, a gyda tua deg munud o'r gêm yn weddill bues i mewn gwrthdrawiad â phostyn! Mi ges i fy ysgwyd gan y gwrthdrawiad, ond roedd mwy o niwed i'r postyn nag i mi ac mi dorrodd yn syth! Mi ddymchwelodd y pyst cyfan a bu'n rhaid gohirio'r gêm! Wrth edrych yn ôl ar y peth heddiw, mae'n debyg mai'r unig berson oedd yn hapus oedd ein Cadeirydd, oherwydd roedd rhaid ailchwarae'r gêm ac roedd hynny'n golygu mwy o arian i'r clwb!'*

Ers iddo orffen ei yrfa fel pêl-droediwr proffesiynol mae Grenville Millington wedi ceisio rhoi rhywbeth yn ôl i'r gêm trwy weithio fel hyfforddwr gôl-geidwaid ifanc. Yn ogystal â gweithio ar ei liwt ei hun, mae o wedi cael cyfnodau'n hyfforddi gôl-geidwaid ifainc Wrecsam, ac ar hyn o bryd mae o'n helpu allan yng nghlwb pêl-droed Caer.

'Dwi'n ffrindiau mawr efo Wayne Brown yng Nghaer,' meddai. *'A dwi wedi bod yn helpu allan efo'r hyfforddi yno ers dipyn rŵan. Ond yn ogystal â hynny, dwi'n hyfforddi llawer o unigolion, ac mae'n bosibl y byddaf yn gwneud mwy o hynny yn y dyfodol.'*

Mae Grenville wedi bod yn llwyddiannus iawn fel hyfforddwr, ac ymysg ei gyn-ddisgyblion y mae Tony Norman, cyn gôl-geidwad Sunderland a Chymru, a hogyn arall o Sir y Fflint. Heddiw mae Grenville Millington yn dal i fyw yn ardal Glannau Dyfrdwy ac roedd o'n barod iawn ei gymorth ar gyfer y gwaith hwn.

Mark Morris

Er iddo gael ei eni yng Nghaer ar Awst 1af 1968, cafodd Mark Morris ei fagu ym mhentre Brychdyn. Mynychodd Ysgol Gynradd Brychdyn ac Ysgol Uwchradd Saltney a chwaraeodd bêl-droed i'r ysgolion hynny. Cafodd Mark ei ddewis i chwarae i dîm Ysgolion Cynradd Glannau Dyfrdwy cyn symud ymlaen i gynrychioli Ysgolion Clwyd ac Ysgolion Gogledd Cymru. Yn ogystal â hynny, chwaraeodd dros ei dîm lleol, Broughton Super Saints.

Ar ôl gadael yr ysgol arwyddodd Mark Morris i Burnley, ond ar ôl blwyddyn yn unig penderfynodd ymuno â Wrecsam fel prentis. Gwnaeth ei ymddangosiad cyntaf yn y Gynghrair i'r cochion yn erbyn Exeter City yn Ionawr 1986, ac aeth ymlaen i fwynhau gyrfa hir a llwyddiannus ar y Cae Ras.

'Mae gen i nifer o atgofion da o'm cyfnod fel chwaraewr yn Wrecsam,' meddai Mark. *'Roedd y gêm Cwpan Enillwyr Cwpanau Ewrop oddi cartref yn Lyngby yn un dda i mi'n bersonol, ac roedd cael y cyfle i chwarae yn erbyn Manchester United yn Old Trafford yn dipyn o wefr hefyd.'*

Roedd Mark yn aelod o'r tîm a enillodd ddyrchafiad i Wrecsam o'r Drydedd Adran ym 1993, ac mae'n dal i gofio'r gêm a sicrhaodd y dyrchafiad hwnnw.

'Roedd ennill dyrchafiad y flwyddyn honno yn wefr go iawn,' meddai. *'Dwi'n cofio'r gêm oddi cartref yn Northampton pan wnaethon ni ennill dyrchafiad, ac roedd o'n deimlad braf iawn.'*

Ar ôl chwarae 137 o gêmau dros Wrecsam, gadawodd Mark Morris y clwb ym 1994 i ymuno â Runcorn yng Nghynghrair y Conference. Arhosodd efo'r clwb hwnnw am bum mlynedd wedyn, cyn gadael i ymgymryd â gwaith yn y Gwasanaeth Prawf.

Ond nid dyna ddiwedd cysylltiad Mark Morris â Chlwb Pêl-droed Wrecsam. Yn Ionawr 2000 penderfynodd ddychwelyd i'r clwb i weithio fel Swyddog Cymunedol.

'Ar y pryd doeddwn i ddim yn siŵr a oeddwn yn gwneud y peth iawn yn gadael fy swydd yn y Gwasanaeth Prawf,' esbonia Mark. *'Ond*

erbyn heddiw dwi'n falch iawn i mi wneud, achos dwi'n mwynhau gweithio fel Swyddog Cymunedol, a dwi'n hapus iawn yn Wrecsam.'

Yn ogystal â chyflawni ei ddyletswyddau fel Swyddog Cymunedol, pan ddychwelodd Mark i Wrecsam bu'n helpu i hyfforddi gôl-geidwaid ifainc y clwb yn yr Academi, ac yn ddiweddar mae o wedi ehangu ei waith hyfforddi.

'Erbyn heddiw dwi'n gweithio efo'r gôl-geidwaid i gyd yn y clwb, a dwi'n gwneud fy ngorau i gyfrannu at eu datblygiad,' meddai.

Fel rhywun sy'n awyddus iawn i gynorthwyo gôl-geidwaid ifanc, mae Mark wedi penderfynu cydweithio ag un arall o gôl-geidwaid Wrecsam, Andy Dibble, ac un o hyfforddwyr Academi Lerpwl, Don Hoggins, i ffurfio cwmni o'r enw 'Shot Stoppers UK'.

'Ein bwriad ydi cynnig hyfforddiant i gôl-geidwaid ifanc,' esbonia Mark. *'Ond dydan ni ddim yn mynd i ganolbwyntio ar y rhai gorau'n unig, ac nid creu rhyw fath o "Ysgol Arbenigedd" ydi ein bwriad. Yr hyn rydan ni am ei wneud yw cynnig hyfforddiant a chyngor cyffredinol i'r sawl sydd â diddordeb mewn gwella eu sgiliau fel gôl-geidwaid.'*

Heddiw mae Mark Morris yn byw ym Mhen-y-ffordd yn Sir y Fflint ac mae'n weithgar iawn fel Swyddog Cymunedol Clwb Pêl-droed Wrecsam. Mae'r clwb yn cynnal sesiynau hyfforddi i blant mewn ysgolion a chanolfannau chwaraeon yn ardal Wrecsam a Sir y Fflint, ac mae'r cyrsiau hyn yn boblogaidd iawn. Yn ogystal â hynny, mae Mark a'i staff yn gyfrifol am redeg clwb cefnogwyr ifanc Wrecsam, y 'Junior Dragons Club', ac mae dros 800 o blant yn aelodau ohono. Ymhlith manteision aelodaeth y clwb hwn y mae gostyngiad wrth brynu nwyddau o siop tîm Wrecsam, y cyfle i fod yn *'ball boy/girl'*, y cyfle i fod yn fascot, a pharti Nadolig.

Yn ystod y blynyddoedd diwethaf mae adrannau cymunedol clybiau pêl-droed proffesiynol wedi dod yn fwy amlwg a phwysig, ac mae gwaith Mark Morris wedi sicrhau bod Clwb Pêl-droed Wrecsam yn cyflawni ei rôl yn y gymuned mewn modd effeithiol iawn.

Tony Norman

Ganwyd Anthony Joseph Norman ym Mancot, yn agos iawn at y ffin rhwng Sir y Fflint a Sir Gaer, ar Chwefror 24ain 1958. Roedd Tony yn hoff iawn o chwarae pêl-droed o oedran cynnar, a chwaraeodd fel gôl-geidwad i dîm Ysgolion Cynradd Glannau Dyfrdwy ac, yn hwyrach ymlaen, i dîm Ysgol Uwchradd Richard Gwyn yn y Fflint – yr ysgol lle'r oedd Ian Rush hefyd yn ddisgybl. Dechreuodd Tony ei yrfa broffesiynol gyda Burnley, ond yn ystod pedair blynedd gyda'r clwb o Sir Gaerhirfryn, ychydig o gyfle a gâi'r Cymro i chwarae i'r tîm cyntaf, ac yn Chwefror 1980 gadawodd y clwb i ymuno â Hull City am £30,000.

Mwynhaodd Tony Norman gyfnod llwyddiannus yn chwarae i Hull City, a datblygodd i fod yn gôl-geidwad safonol a dibynadwy. Roedd gan Tony y gallu i wneud arbediadau trawiadol wrth wynebu ymosodwyr, ac roedd o'n ffigwr awdurdodol yn y cwrt cosbi. Arhosodd gyda Hull City tan 1988 a chreodd record newydd i'r clwb trwy chwarae 226 o gêmau'n olynol.

Enillodd ei gap cyntaf dros Gymru fel eilydd yn y gêm yn erbyn Gweriniaeth Iwerddon ym 1986, ac aeth ymlaen i chwarae pedair gêm arall dros ei wlad. Ar un ystyr, gall Tony ei ystyried ei hun yn anlwcus ei fod yn gôl-geidwad o Gymro yn ystod yr un cyfnod ag un o gewri'r gêm, Neville Southall. Roedd Neville ymysg goreuon y byd ar un adeg, ac er i Tony gael ei gynnwys yn gyson yng ngharfanau Cymru, roedd hi'n anodd iawn iddo ddisodli Neville Southall fel y dewis cyntaf.

Erbyn 1988 roedd Tony Norman wedi chwarae 372 o gêmau cynghrair dros Hull City, a phenderfynodd symud i Sunderland fel rhan o drosglwyddiad gwerth £450,000 oedd yn cynnwys symudiad Ian Hesford a Billy Whitehurst i Hull. Chwaraeodd Tony ei gêm gyntaf dros ei glwb newydd ar Ragfyr 31ain mewn buddugoliaeth o 4 gôl i 0 yn erbyn Portsmouth. Hawliodd y Cymro ei le yn nhîm cyntaf Sunderland o'r cychwyn cyntaf, ac ym 1990 chwaraeodd i'r tîm yn Wembley yn rownd derfynol gêmau ail-gyfle'r Ail Adran yn erbyn Swindon. Er iddynt golli'r gêm honno, llwyddodd Sunderland i esgyn i'r Adran Gyntaf yn lle Swindon Town yn dilyn yr ymchwiliad i'r clwb hwnnw gan awdurdodau'r Dreth Incwm.

Ym Mai 1992 roedd Tony Norman yn ôl yn Wembley, y tro hwn yn chwarae yn y gôl i Sunderland yn rownd derfynol Cwpan FA Lloegr yn erbyn Lerpwl. Ym marn llawer o wybodusion pêl-droed, perfformiadau gwych Tony yn ystod rowndiau blaenorol y gystadleuaeth oedd un o'r prif resymau pam bod Sunderland wedi cyrraedd y rownd derfynol y flwyddyn honno, ond er i'r Cymro berfformio'n dda eto yn Wembley, colli fu hanes ei dîm o 2 gôl i 0.

Dair blynedd ar ôl colli yn y rownd derfynol i Lerpwl, gadawodd Tony Norman Sunderland ychydig fisoedd ar ôl dyfodiad Peter Reid fel rheolwr. Erbyn hynny roedd Tony wedi chwarae mewn 227 o gêmau dros y clwb o ogledd-ddwyrain Lloegr, ac wedi ennill parch y cefnogwyr a'i gyd-chwaraewyr.

Huddersfield Town oedd clwb nesaf Tony, a'i glwb olaf, ac er iddo fwynhau cyfnod da yno, ni allai ail-fyw'r llwyddiannau oedd wedi dod i'w ran yn gynharach yn ei yrfa. Ym 1997 penderfynodd Tony ymddeol o'r gêm, yn 39 oed. Am gyfnod wedyn bu'n gweithio fel sylwebydd ar gêmau Huddersfield i BBC Radio Leeds, ond penderfynodd symud yn ôl i ardal gogledd-ddwyrain Lloegr er mwyn ymuno â heddlu Durham.

Amddiffynwyr

Mike England

Cafodd Mike England ei eni ym Maesglas, ger Treffynnon, ar Ragfyr 2il 1941 a'i fagu ym Maes Pennant, Mostyn yn unig blentyn. Bu'n ddisgybl yn Ysgol Gynradd Maes Pennant cyn symud ymlaen i Ysgol Dinas Basing yn Nhreffynnon lle y daeth dan ddylanwad athro chwaraeon yr ysgol, Peter Beattie.

Tra oedd yn chwarae i dîm yr ysgol cafodd Mike ei weld gan sgowt o Everton, ac mae'n bosibl y byddai wedi arwyddo i'r clwb o Lannau Mersi oni bai am ddylanwadau'n nes at adref. Yn ystod yr un cyfnod roedd Mike yn chwarae i'w dîm pentref, Mostyn YMCA, ac roedd dyn o'r enw Elfed Ellis yn rhan bwysig o'r clwb hwnnw. Roedd gan Elfed gysylltiadau amlwg â Blackburn Rovers, ac roedd eisoes wedi helpu un o gyn-chwaraewyr eraill Mostyn YMCA, Roy Vernon, i ennill cytundeb efo'r clwb o Sir Gaerhirfryn. Ym 1957 penderfynodd Mike ymuno â Roy ac arwyddodd dros Blackburn Rovers.

'Tra o'n i'n chwarae i Ysgol Dinas Basing roeddwn i wedi cael fy ngweld gan Freddie Bennett, oedd yn sgowtio i Everton yn lleol,' esbonia Mike. *'Ond mi benderfynais arwyddo i Blackburn Rovers oherwydd cysylltiad Elfed Ellis â'r clwb ac oherwydd y ffaith fod Roy Vernon yno hefyd.'*

Bu tad Mike England, Harold, yn bêl-droediwr o fri yn ei ddydd, felly nid oedd yn syndod i'r teulu bod Mike wedi dewis gyrfa fel pêl-droediwr proffesiynol. Yn ôl Mike ei hun, roedd ei dad yn ddylanwad mawr arno.

'Roedd fy nhad, Harold England, yn bêl-droediwr ardderchog. Mi chwaraeodd i dîm y fyddin ac i Mostyn YMCA fel centre forward. *Mi oedd o'n ddylanwad mawr arna i.'*

Yn wahanol i'w dad, datblygodd Mike i fod yn amddiffynnwr canol, ond o'i ddyddiau cynnar yn chwarae i Mostyn YMCA roedd o wedi mwynhau chwarae fel ymosodwr ar brydiau hefyd. Nid oes amheuaeth i'r ffaith hon brofi o ddefnydd i Mike yn ystod ei yrfa hir, a llwyddai i sgorio nifer sylweddol o goliau, yn arbennig felly o giciau cornel. Yn ogystal â bod yn bêl-droediwr, roedd Mike

England yn gricedwr da iawn, ac yn bymtheg oed cafodd gynnig i ymuno â Chlwb Criced Morgannwg.

Chwaraeodd Mike ei gêm gyntaf dros Blackburn Rovers yn erbyn Preston North End ym 1959, ac aeth ymlaen i chwarae 165 o gêmau cynghrair dros y clwb, gan sgorio 21 o goliau. Ond er gwaethaf llwyddiant personol Mike wrth berfformio i Blackburn, erbyn 1966 roedd y tîm wedi disgyn o'r Adran Gyntaf, ac roedd llu o glybiau'n awyddus i brynu'r Cymro. Yn y diwedd, yn wyneb cystadleuaeth gref gan Manchester United a Syr Matt Busby, rheolwr Tottenham Hotspur – Bill Nicholson – a lwyddodd i arwyddo Mike, a hynny am ffi o £95,000, oedd yn record y Gynghrair ar y pryd am drosglwyddiad amddiffynnwr.

Heb os nac oni bai, roedd y pris uchel a dalodd Tottenham am Mike England yn adlewyrchiad o'i allu fel chwaraewr. Ac yntau dros 6 throedfedd 2 fodfedd o daldra, roedd Mike yn gryf iawn yn yr awyr, ac yn arbenigwr ar amseru ei naid wrth benio'r bêl. Ond yn wahanol iawn i lawer o amddiffynwyr canol traddodiadol, roedd Mike yn eitha cyflym ar ei draed, ac roedd o'n gallu rheoli a phasio'r bêl yn gelfydd. Roedd ganddo bresenoldeb mawr ar y cae, a llwyddai i ddod â chadernid a chysondeb i amddiffyniad pob tîm y bu'n aelod ohono.

Yn ystod ei dymor cyntaf yn chwarae i Tottenham Hotspur, roedd Mike yn aelod o'r tîm a gurodd Chelsea o 2 gôl i 1 yn rownd derfynol Cwpan FA Lloegr. Hyd heddiw, mae llun du a gwyn wedi'i fframio yng nghyntedd Ysgol Uwchradd Treffynnon yn dangos Mike England yn dal y gwpan. Mewn gwirionedd, roedd llwyddiant Tottenham wrth ennill y gwpan y flwyddyn honno ychydig yn annisgwyl, a hynny oherwydd y ffaith i'r clwb orfod mynd trwy'r broses o ailadeiladu yn dilyn ymadawiad ac ymddeoliad llawer o chwaraewyr allweddol.

Tymor 1960/61 oedd cyfnod euraid Tottenham, wrth i'r clwb ennill y 'dwbwl' dan gapteniaeth ysbrydoledig Danny Blanchflower. Ond erbyn 1966 roedd chwaraewyr fel Terry Dyson, Bobby Smith a Blanchflower ei hun wedi ffarwelio â'r clwb, ac roedd cenhedlaeth newydd yn cynnwys Mike England, Alan Mullery a Terry Venables yn ceisio llenwi esgidiau cewri 1960/61. Heb os, roedd ennill Cwpan Lloegr ym 1967 yn gryn gamp i Mike a gweddill y tîm.

Ym 1971 profodd Tottenham lwyddiant eto ar gae enwog Wembley, y tro hwn yn rownd derfynol Cwpan y Gynghrair. Ond yn anffodus, ni chwaraeodd Mike England unrhyw ran ym muddugoliaeth Spurs yn y gêm yn erbyn Aston Villa oherwydd roedd o wedi anafu'i ffêr yn ystod y rownd gyn-derfynol yn erbyn Bristol City. Y flwyddyn ganlynol, serch hynny, roedd Mike yn rhan bwysig o'r tîm a gurodd Wolverhampton Wanderers o 3 gôl i 2 dros ddau gymal yn rownd derfynol Cwpan UEFA, ac ym 1973 cafodd Mike y cyfle i chwarae yn Wembley wrth i Spurs gyrraedd rownd derfynol Cwpan y Gynghrair unwaith eto. Norwich City oedd y gwrthwynebwyr y tro hwn, a diolch i gôl gan yr eilydd Ralph Coates llwyddodd y tîm o ogledd Llundain i godi'r gwpan.

Y flwyddyn ganlynol mwynhaodd Tottenham rediad da yn Ewrop eto, ac yn dilyn buddugoliaethau nodedig yn erbyn timau fel Dinamo Tbilisi a Lokomotiv Leipzig, cyrhaeddodd Spurs rownd derfynol Cwpan UEFA unwaith yn rhagor. Feijenoord o'r Iseldiroedd oedd y gwrthwynebwyr y tro hwn, ond er gwaethaf gôl gan Mike England yn y cymal cyntaf yn Tottenham, colli fu hanes y tîm o 4 gôl i 2.

Yn anffodus, cofir yr ail gymal yn Rotterdam am y rhesymau anghywir erbyn heddiw, a hynny oherwydd y trais difrifol a welwyd ar strydoedd y ddinas y noson honno. Cafodd 70 o bobl eu harestio yn ystod golygfeydd treisgar, a bu'n rhaid i Bill Nicholson, rheolwr Tottenham, siarad â chefnogwyr y clwb yn ystod toriad hanner amser y gêm. Yn ôl llawer, roedd yr hyn a ddigwyddodd yn Rotterdam yn ffactor allweddol ym mhenderfyniad Bill Nicholson i adael Tottenham y tymor canlynol.

Terry Neill gafodd ei apwyntio yn olynydd i Nicholson, ac o'r cychwyn cyntaf wynebai'r dyn o Ogledd Iwerddon dalcen caled i ennill calonnau'r cefnogwyr, yn bennaf oherwydd ei gysylltiadau â gelynion pennaf Spurs, Arsenal! Yn ôl pob sôn, nid oedd Mike England yn hapus â'r drefn newydd yn White Hart Lane, ac yng ngwanwyn 1975, hanner ffordd drwy'r tymor, syfrdanodd Mike gefnogwyr Tottenham trwy gyhoeddi ei benderfyniad i adael y clwb.

Yn ystod chwe thymor yn chwarae dros Tottenham roedd Mike wedi chwarae 300 o gêmau cynghrair ac wedi sgorio 14 o goliau.

Yn ôl llawer, bu Mike yn ffactor allweddol yn llwyddiant y clwb yn ystod y cyfnod hwnnw, a bu'r Cymro'n gonglfaen yn amddiffyniad y tîm. Flynyddoedd yn ddiweddarach, pan ofynnwyd i Bill Nicholson enwi'r chwaraewyr gorau i gynrychioli'r clwb erioed, dewisodd Mike England fel ei amddiffynnwr canol. Yn nhermau Tottenham, mae'n amhosibl meddwl am deyrnged uwch i Mike na hynny.

Yn ystod y saith degau roedd pêl-droed yn dechrau dod yn gêm boblogaidd yn yr Unol Daleithiau, ac roedd llawer o chwaraewyr o wledydd Prydain yn symud yno i chwarae yn y 'North America Soccer League'. Ym 1975 penderfynodd Mike England fynd i chwarae i'r Seattle Sounders, ond ar ôl dim ond pedwar mis yn yr Unol Daleithiau cafodd y Cymro gynnig i chwarae i glwb Caerdydd. Penderfynodd Mike dderbyn y cynnig, ac yn ystod tymor 1975/76 chwaraeodd 40 o gêmau cynghrair dros glwb y brifddinas, gan eu helpu i ennill dyrchafiad o'r Drydedd Adran. Y flwyddyn ganlynol, serch hynny, daeth yn amlwg nad oedd Mike yn rhan o gynlluniau Caerdydd, a phenderfynodd y Cymro ddychwelyd i'r Unol Daleithiau i chwarae dros y Seattle Sounders. Y tro hwn arhosodd Mike efo'r clwb am dair blynedd, ac yn ystod y cyfnod hwnnw cafodd y cyfle i chwarae yn yr un tîm â hogyn arall o ardal Treffynnon, Ron Davies.

Tra oedd yn chwarae yn Seattle clywodd Mike England fod swydd rheolwr Cymru yn mynd yn wag, a phenderfynodd ymgeisio amdani. Fel chwaraewr roedd Mike wedi cynrychioli ei wlad ag anrhydedd, gan ennill 44 o gapiau, ac wedi capteinio'r tîm 28 o weithiau. Nid oedd yn syndod, felly, pan gafodd Mike ei benodi'n rheolwr Cymru, ac ym Mai 1980 ar y Cae Ras yn Wrecsam, cafodd Mike England y dechreuad gorau posibl i'w yrfa fel rheolwr wrth i Gymru guro Lloegr o 4 gôl i 1!

Yn ystod y blynyddoedd nesaf llwyddodd Mike England i ddatblygu tîm oedd â'r gallu i gystadlu ar y lefel ryngwladol, a daeth Cymru o fewn trwch blewyn i gyrraedd rowndiau terfynol cystadleuaeth fawr ar ddau achlysur. Yn anffodus, boddi wrth ymyl y lan oedd hanes y tîm, ac yn Chwefror 1988 diswyddwyd Mike England gan y Gymdeithas Bêl-droed.

Erbyn heddiw mae Mike England yn berchen ar gartrefi pobl

oedrannus yn ardal y Rhyl a Bae Colwyn ac mae aelodau o'i deulu'n dal i fyw yn Sir y Fflint, ym Mostyn, Maesglas a Bagillt. Mae Mike yn mwynhau chwarae golff ac mae'n aelod o Glwb Golff Prestatyn. Wrth edrych yn ôl dros ei yrfa fel chwaraewr proffesiynol mae Mike yn gwerthfawrogi'r profiadau a'r llwyddiannau a ddaeth i'w ran:

> 'Roeddwn i'n lwcus iawn. Mwynheais i 32 o flynyddoedd yn y gêm ac roeddwn i'n gallu byw breuddwyd. Mi ges i 10 mlynedd wych yn chwarae i Tottenham Hotspur, ac roedd ennill Cwpan FA Lloegr ym 1967 yn erbyn Chelsea yn un o'r uchafbwyntiau. Roedd cynrychioli Cymru yn anrhydedd arbennig, ac roeddwn i'n ffodus o gael cyfle i deithio'r byd a chwarae yn erbyn y pêl-droedwyr gorau.'

Alan Fox

Yn eu llyfr cynhwysfawr am gyn-chwaraewyr Wrecsam, *The Racecourse Robins*, mae Gareth Davies a Peter Jones yn disgrifio Alan Fox fel *'o bosibl y centre-half gorau i chwarae dros y clwb'*. (1) Pan fo rhywun yn ystyried bod Alan wedi chwarae 414 o weithiau dros Wrecsam yn ystod cyfnod o 11 tymor, mae'n anodd anghytuno â'r gosodiad hwn.

Brodor o Dreffynnon yw Alan Fox, a chafodd ei eni mewn tŷ ar Caernarfon Court Yard, oddi ar stryd fawr y dref, ar Orffennaf 10fed, 1936. Chwaraeodd Alan bêl-droed i dimau ei ysgolion yn Nhreffynnon ac yna'r Fflint, ond ar ôl gadael yr ysgol dechreuodd weithio fel paentiwr ac addurnwr.

> 'Roeddwn i wrth fy modd yn chwarae pêl-droed yn yr ysgol,' meddai Alan, 'ond mynnodd fy nhad y dyliwn gael prentisiaeth hefyd, felly mi hyfforddais fel paentiwr ac addurnwr.'

Yn ystod y cyfnod hwn roedd Alan yn chwarae i Carmel United, clwb pentref nid nepell o Dreffynnon, ac mae ganddo atgofion melys o'i amser yno.

> 'Carmel oedd fy nghlwb cynta erioed ac roeddwn i wrth fy modd yno,' meddai. 'Ar y cychwyn bues i'n chwarae fel *inside forward*, ond

dwi'n cofio chwarae yn erbyn Llanddulas unwaith ac roedden ni'n brin o centre half, *felly bu'n rhaid i mi chwarae yno. Ar ôl hynny mi arhosais yn y safle hwnnw.'*

Roedd Carmel United yn glwb pentref go iawn yn ystod y cyfnod hwnnw, ac roedd llawer o'r pentrefwyr yn awyddus i weld y clwb yn ffynnu. Mae Alan yn cofio'r clwb yn gwneud eu llifoleuadau eu hunain.

'Mae'n rhaid mai Carmel oedd y clwb cynta yn yr ardal gyfan i gael llifoleuadau! Mi gawson nhw eu gwneud allan o focsys sgwâr hefo bylbiau y tu fewn! Wedyn mi godwyd y bocsys ar ben polion pren ac fe'u defnyddiwyd i oleuo'r cae yn ystod ein sesiynau ymarfer!'

Ym 1953 roedd Alan Fox yn chwarae i Carmel United pan gafodd ei weld a'i arwyddo gan sgowt o Wrecsam. Datblygodd Alan Fox fel amddiffynnwr trwy chwarae i dimau ieuenctid ac ail dîm Wrecsam, ac erbyn 1956 roedd yn barod i hawlio'i le'n rheolaidd yng nghanol amddiffyn y tîm cyntaf. Er yn eitha tenau yn gorfforol, roedd Alan yn meddu ar y cryfder angenrheidiol i fod yn amddiffynnwr canol effeithiol, ac roedd ei daldra'n golygu ei fod yn dda iawn am ennill y bêl yn yr awyr.

Yn ystod yr wyth tymor nesaf roedd Alan Fox yn gawr yng nghanol amddiffyn Wrecsam, ac yn aelod allweddol o'r tîm a enillodd Gwpan Cymru dair gwaith, ym 1957, 1958 a 1960. Mae ganddo lawer o atgofion melys o'i gyfnod ar y Cae Ras, yn cynnwys y gêm gwpan yn erbyn Manchester United a gafodd ei chwarae o flaen y dorf fwyaf erioed yn hanes y clwb.

'Un o'm hatgofion penna fel chwaraewr Wrecsam ydi'r gêm yn erbyn "Busby Babes" Manchester United yn y bedwaredd rownd o'r Cwpan FA ar y Cae Ras,' meddai. *'Hyd heddiw gallaf gofio chwarae oddi cartref ar y dydd Sadwrn cyn y gêm, ac wrth i ni gamu ar fws y tîm yn Wrecsam gwelsom bobl yn sefyll mewn rhesi hir yn aros i fynd i wylio'r ail dîm er mwyn sicrhau eu ticedi ar gyfer y gêm gwpan. Mae'n rhaid bod dros 20,000 o bobl wedi talu i wylio'r ail dîm!'*

Profiad gwych arall a ddaeth i ran Alan oedd chwarae yn erbyn Lerpwl:

'Mi wnaethon ni chwarae yn erbyn tîm Bill Shankley ar y Cae Ras rai

blynyddoedd yn ddiweddarach yn y Cwpan FA,' meddai. *'Collon ni i Lerpwl o 3 gôl i 0, ond roedd o'n brofiad gwych i gael y cyfle i chwarae yn eu herbyn.'*

Ym 1958 roedd sôn bod Arsenal yn mynd i arwyddo'r Cymro am £17,000, ond ni ddigwyddodd hynny. Enillodd Alan Fox gap i Gymru dan 23 oed, ond er iddo gael ei enwi yn y garfan wreiddiol ar gyfer rowndiau terfynol Cwpan y Byd ym 1958, ni chafodd ei ddewis i fynd, ac ni enillodd gap llawn dros ei wlad. Ar ôl ennill dyrchafiad ym 1962, disgynnodd Wrecsam eto ddwy flynedd yn ddiweddarach, ac er syndod i lawer o bobl, cafodd Alan Fox ei ryddhau gan Ken Barnes, rheolwr Wrecsam.

'Roeddwn i'n siomedig ac yn drist wrth orfod gadael Wrecsam,' meddai Alan. *'Roeddwn i wedi bod efo'r clwb ers 12 mlynedd ac roeddwn i yn fy mlwyddyn dysteb. Mwynheais chwarae i Wrecsam yn fawr iawn, ac mae'r clwb yn dal i fod yn agos at fy nghalon hyd heddiw.'*

Ar ôl gadael y clwb roedd o wedi'i wasanaethu mor dda, symudodd Alan i Hartlepool United ar wahoddiad ei ffrind, Alvan Williams.

'Roedd Alvan, a hanai o Fangor yn wreiddiol, yn chwaraewr/rheolwr Hartlepool ar y pryd, ac roeddwn i wedi addo iddo y byddwn yn mynd i chwarae i'w glwb pe bawn i'n digwydd cael fy rhyddhau,' meddai Alan. *'A bod yn onest, wnes i ddim setlo yn Hartlepool ar y dechrau, felly symudais ymlaen i Bradford City. Ond cyn hir mi gafodd rheolwr Bradford, Bill Harries, ei ddiswyddo, ac mi driodd y rheolwr newydd newid fy arddull chwarae. Dywedais yn blaen wrtho fy mod yn rhy hen i newid, ac yn y diwedd penderfynais gysylltu ag Undeb y Pêl-droedwyr i weld a allwn symud i ochr hyfforddi'r gêm.'*

Profodd y penderfyniad hwnnw'n un doeth i Alan, ac ar ôl dilyn cyrsiau hyfforddi mi gafodd gynnig i fynd i Iwerddon i fod yn chwaraewr/hyfforddwr Dundalk.

'Dim ond un gêm roeddwn wedi'i chwarae dros Dundalk pan benderfynodd y clwb ddiswyddo'r rheolwr,' meddai Alan. *'Cafodd y swydd chwaraewr/hyfforddwr ei chynnig i mi, ac er i mi ei gwrthod ar*

y dechrau oherwydd doedd dim llawer o brofiad gen i, gwrthodon nhw dderbyn "na" fel ateb!'

Buan iawn y daeth Alan i ymgyfarwyddo â'r rôl rheoli, a mwynhaodd y tîm lwyddiant mawr y tymor hwnnw.

'Yn ystod fy nhymor cyntaf enillon ni'r gynghrair, Cwpan y Gynghrair, ac mi wnaethon ni gyrraedd rownd cyn-derfynol Cwpan Iwerddon,' meddai Alan. *'Roedd gennym ni dîm da yn Dundalk, ond mewn un ffordd mi wnes i gychwyn yn rhy dda ac roedd y clwb yn disgwyl llwyddiant fel yna bob blwyddyn!'*

Ar ôl hynny symudodd Alan ymlaen i Limerick, ond ar ôl cyfnod byr yno, penderfynodd ddychwelyd i Hartlepool, ardal enedigol ei wraig.

'Roedden ni wedi bod yn Iwerddon ers pedair blynedd,' meddai, *'ond aeth fy merch, oedd tua dwy oed ar y pryd, yn sâl, ac mi benderfynon ni ddod yn ôl i Hartlepool.'*

Er gwaethaf cael cynigion gan glybiau fel Luton Town a Boston United, penderfynodd Alan roi'r gorau i'r byd pêl-droed, ac aeth i weithio i fragdy yn Hartlepool. Ar ôl ugain mlynedd yn gweithio i'r cwmni, symudodd Alan ymlaen i swydd fel gyrrwr i gwmni weldio, tan iddo gyrraedd oed ymddeol. Erbyn heddiw mae'n dal i fyw yn Hartlepool, ond mae'n cadw mewn cysylltiad â'i deulu yn ardal Sir y Fflint.

'Mae gen i ddau frawd sy'n dal i fyw yn Nhreffynnon, ac mae'r llall yn byw yng Nghei Connah,' meddai. *'Ryden ni'n cadw mewn cysylltiad yn aml, ac mi fues i'n ôl yn yr ardal yn ddiweddar.'*

Yn ogystal â hynny mae Alan yn dal i fod yn agos at Glwb Pêl-droed Wrecsam.

'Mae Wrecsam yn fy ngwahodd yn ôl yn aml,' meddai. *'Rydw i hefyd wedi cael fy apwyntio yn Llywydd Anrhydeddus am Oes ar Glwb Cefnogwyr Wrecsam. Yn ogystal â hynny, mi gefais fy nghynnwys yn Oriel Anfarwolion cyntaf y clwb, a byddaf yn mynd yn ôl bob blwyddyn ar gyfer hynny. Mae Clwb Pêl-droed Wrecsam yn dal i fod yn bwysig i mi.'*

Er gwaetha'r ffaith ei fod wedi gadael ardal Treffynnon flynyddoedd maith yn ôl, a'i fod bellach yn siarad ag acen gogledd-ddwyrain Lloegr, mae'n amlwg bod gwreiddiau Alan Fox yn dal i fod yn bwysig iddo. Roedd yn barod iawn ei gymorth ar gyfer y gwaith hwn, ac roedd yn ei elfen yn siarad am ei ddyddiau cynnar fel chwaraewr i dîm Carmel, ac am ei gyfnod diweddarach yn chwarae i Wrecsam. Yn ogystal â bod yn ŵr bonheddig, mae Alan Fox yn berson dymunol iawn sy'n falch iawn o'i lwyddiannau fel pêl-droediwr.

Andy Holden

Roedd gan Andy Holden gysylltiad amlwg iawn â'r byd pêl-droed cyn iddo gael ei eni hyd yn oed! Mae Andy yn nai i bêl-droediwr arall o Sir y Fflint, sef y cyn-chwaraewr rhyngwladol, Ron Hewitt. Wrth ystyried y cefndir hwnnw nid yw'n syndod i Andy ei hun brofi llwyddiant ar y meysydd pêl-droed.

Yn frodor o dre'r Fflint, fel ei ewythr, ganwyd Andy Holden ar Fedi 14eg 1962. Wrth chwarae pêl-droed i'w ysgolion lleol fe ddaeth yn amlwg bod Andy yn meddu ar y potensial i fynd ymhell yn y gêm. Cafodd ei ddewis i dîm Ysgolion Cynradd Glannau Dyfrdwy, a chyn hir roedd o'n dechrau datblygu i fod yn amddiffynnwr canol cryf a dibynadwy. Ar ôl chwarae i Shotton Westminster a'r Rhyl cafodd Andy ei arwyddo gan Glwb Pêl-droed Caer yn 1983 a dechreuodd ar ei yrfa fel pêl-droediwr proffesiynol.

Mwynhaodd Andy dair blynedd hynod lwyddiannus yng Nghaer, ac yn ogystal â bod yn gadarn fel amddiffynnwr roedd y Cymro hefyd yn hoffi sgorio goliau. Andy oedd chwaraewr y flwyddyn Clwb Pêl-droed Caer ar ddiwedd tymor 1983/84 a 1984/85. Daeth gallu Andy Holden i arwain ac ysbrydoli eraill i'r amlwg yn fuan iawn, ac nid oedd yn syndod pan gafodd ei ddewis fel capten Caer. Ym 1984 enillodd ei unig gap dros Gymru wrth iddo chwarae yn erbyn Israel fel eilydd. Erbyn 1986 roedd clybiau eraill â diddordeb mewn prynu Andy Holden, ac ym mis Hydref y flwyddyn honno symudodd i Wigan Athletic am £45,000.

Yn anffodus i Andy, ar ôl iddo symud i Wigan dechreuodd ddioddef gydag anafiadau i'w ben-glin. Methodd â chwarae am gyfnodau hir, ac yn ystod tair blynedd fel chwaraewr Wigan Athletic, dim ond 49 o weithiau y bu'n chwarae yn y gynghrair. Serch hynny, erbyn 1989 roedd hi'n ymddangos fel pe bai ei ben-glin wedi gwella, a phenderfynodd Joe Royle, rheolwr Oldham Athletic, dalu £130,000 amdano. Yn dilyn absenoldeb o bum mlynedd, cafodd Andy Holden ei enwi yng ngharfan Cymru ar gyfer y gêm yn erbyn y Ffindir ym 1989, ond bu'n rhaid iddo dynnu'n ôl oherwydd anaf.

Ar ôl iddo ymddeol fel chwaraewr bu Andy'n gweithio fel hyfforddwr a rheolwr ail dîm Oldham, a chymerodd y dyn o'r Fflint at y gwaith yn syth. Roedd ei allu i arwain eraill wedi bod yn amlwg o'i ddyddiau fel capten gyda chlwb Caer, felly nid oedd yn syndod iddo droi ei olygon at hyfforddi a rheoli pêl-droedwyr eraill. Erbyn heddiw mae Andy Holden yn rheolwr ail dîm Everton ac yn uchel iawn ei barch ymhlith chwaraewyr a chefnogwyr y clwb.

Thomas George Jones

Mae'n gywilydd gen i orfod cyfaddef nad oeddwn i erioed wedi clywed am Thomas George Jones cyn i mi ddechrau ymchwilio i hanes pêl-droedwyr Sir y Fflint. Ac yntau'n perthyn i gyfnod pell yn ôl, roedd ei gampau pêl-droed yn ddirgelwch llwyr i mi. Ond wrth ymchwilio i'w hanes, a darllen sylwadau pobl eraill amdano, buan iawn y sylweddolais fod hwn yn un o bêl-droedwyr gorau Cymru, heb sôn am Sir y Fflint. Mae'r cyn-bêl-droediwr a'r reslwr Orig Williams yn disgrifio Thomas George Jones fel un o'r amddiffynwyr gorau a fu ym Mhrydain erioed – a dwi'n sicr ddim yn mynd i ddadlau efo Orig!

Cafodd Thomas George Jones ei eni yng Nghei Connah ar Hydref 12fed 1917, a daeth yn adnabyddus yn y byd pêl-droed dan yr enw T.G. Jones. Roedd T.G. yn hoff iawn o chwarae pêl-droed pan oedd yn fachgen ifanc, ac yn dilyn argymhelliad ei athro ysgol, daeth i sylw Clwb Pêl-droed Wrecsam pan oedd yn 15 oed. Ddwy flynedd yn ddiweddarach trodd T.G. yn broffesiynol, ac ar ôl chwarae dim ond chwe gêm gynghrair i Wrecsam, cafodd ei arwyddo gan Everton am £3,000.

Aeth T.G. ymlaen i fwynhau gyrfa lwyddiannus ar Barc Goodison yn chwarae yn ei hoff safle fel amddiffynnwr canol. Roedd yn chwaraewr celfydd iawn oedd â'r gallu i reoli a phasio'r bêl yn gywir, hyd yn oed dan bwysau gan ei wrthwynebwyr. Yn ôl Gordon Watson, un o gyd-chwaraewyr T.G. Jones, cafodd y Gleision fargen go iawn wrth arwyddo'r Cymro.

> '*Arwyddo T.G. Jones oedd y peth gorau wnaeth Everton erioed,*' meddai. '*Pan fyddai cic gornel gan y gwrthwynebwyr, byddai T.G. yn penio'r bêl yn ôl i'r gôl-geidwad, Ted Sagar. Naw gwaith allan o ddeg byddai Ted Sagar yn chwarae'r diawl efo chi am basio'r bêl yn ôl iddo. Roedd o'n arfer dweud, "Mae gen i ddigon i'w wneud heb gael y bêl yn ôl gan ein chwaraewyr ein hunain." Ond wnâi o byth mo hynny efo T.G.*' (2)

Enillodd T.G. fedal Pencampwriaeth y Gynghrair yn ystod ei ail dymor ar Barc Goodison ym 1938/39, ac mae'n debyg y byddai'r tîm da oedd gan Everton ar y pryd wedi mwynhau rhagor o lwyddiant pe na bai'r Ail Ryfel Byd wedi amharu ar bopeth. Collodd T.G. Jones bum tymor pêl-droed oherwydd y Rhyfel, ond pan aeth ati i ailafael yn ei yrfa ym 1946 roedd yn dal i arddangos yr un sgiliau. Yn wir, cystal oedd enw da T.G. yn y byd pêl-droed nes y bu bron iddo symud i'r Eidal ym 1947 i chwarae i Roma. Roedd y clwb o Lannau Mersi wedi cytuno ar bris o £15,000 gyda Roma, a byddai T.G. Jones wedi symud i'r Eidal pe na bai problemau gyda'r gyfradd ariannol wedi atal y trosglwyddiad.

Ar ôl methu symud i Roma arhosodd T.G. yn Everton, ac ym 1949 mi olynodd Peter Farrell fel capten y clwb. Ym marn y cefnogwyr a'i gyd-chwaraewyr roedd T.G. yn llawn haeddu'r anrhydedd hwn, ac felly roedd yn gryn sioc i bawb pan benderfynodd Tommy droi ei gefn ar glwb Everton, ac ar bêl-droed y gynghrair, ym 1950 er mwyn symud i Bwllheli i redeg Gwesty'r Twr. Yn ôl rhai, ffrae efo rheolwr Everton ar y pryd, Cliff Britton, arweiniodd at ymadawiad disymwth T.G. Ac yntau ond yn 33 oed, roedd gan y Cymro flynyddoedd o chwarae o'i flaen, a doedd hi ddim yn syndod felly pan ymunodd â chlwb Pwllheli yn yr hen Welsh League (North) fel chwaraewr/rheolwr.

Heb os, arweiniodd y penderfyniad hwn at bennod newydd ym mywyd Tommy Jones, a chyn hir roedd Clwb Pêl-droed Pwllheli yn mwynhau llwyddiant mawr dan ei ofal. Ym marn llawer o bobl, chwaraeodd Tommy bêl-droed orau ei yrfa ym Mhwllheli, a deuai tyrfaoedd mawr i wylio'i dîm. Un a fu'n aelod o'r tîm hwnnw ym Mhwllheli oedd Orig Williams.

'Tommy Jones ydi'r canolwr cefn gorau fuo ym Mhrydain erioed, ac eithrio hwyrach John Charles,' yw barn bendant Orig. *'Roedd ganddo bopeth fel chwaraewr – rheolaeth ar y bêl, gallu pasio da, ac roedd o'n arweinydd da hefyd. Mae chwaraewyr mawr o'r un cyfnod â fo, fel Dixie Dean o Everton a Neil Franklin o Stoke City, wedi deud pa mor dda oedd Tommy.'*

Ym 1956 symudodd T.G. i Fangor i fod yn rheolwr y clwb oedd yn chwarae yng Nghynghrair Swydd Caer ar y pryd. Profodd tîm Tommy lwyddiant mawr ym 1962 wrth i Fangor guro Wrecsam yn rownd derfynol Cwpan Cymru, a mawr fu'r dathlu ar Ffordd Farrar. Y tymor canlynol daeth y gêm fwyaf erioed yn hanes Bangor wrth iddynt wynebu Napoli yng nghystadleuaeth Cwpan Enillwyr Cwpanau Ewrop.

Ar Medi 5ed 1962, o flaen torf o 12,000 ar Ffordd Farrar, cyflawnodd Bangor gryn gamp trwy guro Napoli o 2 gôl i 0. Yn yr ail gymal yn yr Eidal chwaraeodd tîm T.G. Jones o flaen torf tipyn yn fwy, ac yn dilyn gêm hynod gyffrous, colli o 3 gôl i 1 oedd hanes Bangor. Erbyn heddiw, wrth gwrs, byddai'r canlyniad hwnnw'n ddigon i sicrhau buddugoliaeth i Fangor dan y rheol goliau oddi cartref, ond nid felly oedd y sefyllfa ar y pryd. Bu'n rhaid ailchwarae'r gêm ar gae Arsenal yn Llundain, ac yn dilyn gêm agos iawn, ildiodd Bangor gôl yn hwyr yn y gêm i golli o 2 gôl i 1. Er y siom o fynd allan o'r gystadleuaeth, doedd dim amheuaeth bod tîm T.G. Jones wedi rhoi ysgytwad go iawn i'r tîm o'r Eidal, ac wedi llwyddo i roi enw Bangor ar fap y byd pêl-droed.

Yn dilyn cyfnod llwyddiannus iawn pan oedd yn eilun ar Ffordd Farrar, penderfynodd T.G. symud ymlaen, a bu'n rheolwr ar Glwb Pêl-droed y Rhyl o 1967/68, cyn ymgymryd â gwaith fel gohebydd pêl-droed efo'r *Daily Post*. Am flynyddoedd wedyn bu Tommy'n rhedeg siop papurau newydd ym Mangor, gan fwynhau'r cyfle i drafod pêl-droed a'r hen ddyddiau yng nghwmni amryw o'i gwsmeriaid. Bu farw T.G. Jones ym mis Ionawr 2004 yn Ysbyty Gwynedd, Bangor, gan adael dwy ferch, Elizabeth a Jane. Bu farw gwraig Tommy, Joyce, ym mis Medi 2003.

Yn ôl Orig Williams, roedd gan T.G. Jones bresenoldeb mawr ar y cae ac oddi arno.

> 'Roedd gan Tommy Jones bersonoliaeth anghredadwy, personoliaeth gref iawn,' meddai Orig. 'Mi driodd o am swydd rheolwr Cymru ar un adeg, ond mae'n debyg ei fod yn gymeriad rhy gryf i fod at ddant y Gymdeithas Bêl-droed.'

Nid oes amheuaeth nad yw T.G. Jones yn haeddu lle blaenllaw yn oriel anfarwolion pêl-droedwyr Sir y Fflint. Enillodd 17 o gapiau dros Gymru, a chwaraeodd mewn 10 o gêmau rhyngwladol yn ystod y Rhyfel. Câi T.G. bleser arbennig o wisgo'r crys coch, ac fe'i hystyriai hi'n fraint i gael cyfle i chwarae dros ei wlad. Mewn cyfweliad â phapur newydd y *Bangor and Anglesey Mail* yn Awst 2002 dywedodd T.G. hyn:

> 'Un o adegau balchaf fy ngyrfa oedd cael capteinio tîm Cymru. Rydw i'n cofio meddwl ar y pryd na fyddai dim yn gwella ar y profiad hwnnw.' (3)

Wrth edrych yn ôl ar ei gyfnod fel pêl-droediwr proffesiynol, roedd T.G. yn ymwybodol o'r gwahaniaeth cyflog o'i gymharu â chwaraewyr heddiw:

> 'Dim ond £12 yr wythnos oedd fy nhâl fel pêl-droediwr, sy'n ddim byd o'i gymharu â'r cyflogau mawr mae chwaraewyr heddiw yn eu derbyn.' (3)

Chwaraeodd T.G. dros 300 o weithiau i Everton, ac mae'n cael ei gofio hyd heddiw fel un o chwaraewyr gorau'r clwb. Enillodd Tommy ganmoliaeth uchel gan nifer o chwaraewyr ar hyd y blynyddoedd, ond mae'n debyg mai geiriau Dixie Dean, un arall o chwaraewyr chwedlonol Everton, sy'n aros yn y cof:

'Tommy oedd y chwaraewr cyflawn gorau i mi ei weld erioed. Roedd popeth ganddo. Ni allai'r un hyfforddwr ddysgu dim iddo. Roedd o'n fwy taclus na John Charles, er enghraifft, a gallai ddianc o sefyllfa anodd trwy redeg at y bêl ac yna ei gadael i fynd trwy ei goesau, gan wybod y byddai un o'i gyd-chwaraewyr mewn safle i dderbyn y bêl.' (4)

Ond yn ogystal â llwyddo ei hun ar y lefel uchaf, mae T.G. wedi gadael ei ôl ar bêl-droed lleol yng ngogledd Cymru. Ym 1946, T.G. Jones oedd sylfaenydd Clwb Pêl-droed Connah's Quay Juniors, sef y tîm a ragflaenodd y Connah's Quay Nomads presennol. Yn wir, bu sôn yn ddiweddar bod y Nomads yn bwriadu coffáu rhan unigryw T.G. yn hanes y clwb trwy osod rhyw fath o gofeb yn eu stadiwm ar Lannau Dyfrdwy. Mewn cyfweliad â phapur newydd y *Flintshire Chronicle* ym mis Ionawr 2004, dywedodd Geoff Thelwell, un o gyfarwyddwyr y Nomads a dyn a chwaraeodd i'r clwb gwreiddiol a sefydlwyd gan T.G. Jones:

'Roedd Tommy yn ddyn gwych; roedd llawer o barch tuag ato yn yr ardal hon. Y fo oedd "Mr Connah's Quay Nomads", a hoffwn feddwl y byddai modd ei goffáu mewn rhyw ffordd. Mae pobl ifanc yn tyfu i fyny heddiw heb fod yn ymwybodol o gampau Tommy. Mae'r ffaith honno'n fy nhristáu oherwydd roedd Tommy yn ddyn mawr oedd yn mwynhau gwneud ei orau dros bobl ifanc yr ardal hon.' (5)

Rhaid dweud bod dylanwad T.G. ar bêl-droed leol yn ymestyn y tu hwnt i ffiniau Sir y Fflint ac ar hyd arfordir y gogledd, ac nid oes amheuaeth y caiff y tîm a grewyd gan T.G. ym Mhwllheli yn ôl yn y 1950au ei gofio gan bawb a fu'n ddigon ffodus i'w weld. Yn yr un modd, caiff campau syfrdanol Clwb Pêl-droed Bangor yn Ewrop yn ôl ym 1962 eu cofio am byth gan gefnogwyr pêl-droed y gogledd. Yn aml iawn mae sêr y byd pêl-droed yn diflannu o fro eu mebyd ar ôl iddynt brofi llwyddiant mawr, ond nid felly oedd hanes T.G. Jones. Cyrhaeddodd y dyn o Gei Connah uchelfannau ei broffesiwn heb erioed anghofio am ei wreiddiau. Yn ôl llawer o wybodusion pêl-droed, T.G. Jones oedd y *'prince of centre halves'*, ac nid oes amheuaeth mai fo oedd tywysog ei bobl hefyd.

Ray Lambert

Un o bentref Bagillt ger y Fflint yw Ray Lambert, ac fe'i ganwyd ar Orffennaf 18fed 1922. Daeth ei allu fel pêl-droediwr i'r amlwg tra oedd yn chwarae i dîm Ysgolion Sir y Fflint, ac yn Ionawr 1936 penderfynodd Lerpwl ei arwyddo fel chwaraewr amatur. Dim ond 13 oed oedd Ray Lambert ar y pryd, ac ef oedd y pêl-droediwr ifancaf i arwyddo i glwb o'r Gynghrair Bêl-droed cyn y rhyfel.

Yn syth ar ôl y rhyfel y dechreuodd gyrfa bêl-droed Ray Lambert o ddifrif, ac er iddo ddechrau chwarae'r gêm fel amddiffynnwr canol, symudodd i fod yn gefnwr chwith neu dde hynod effeithiol. Roedd Ray yn gefnwr greddfol a dibynadwy, ac roedd yn deall ei waith a'i safle i'r dim. Gwnaeth ei ymddangosiad cyntaf i Lerpwl ar Ionawr 5ed 1946 mewn gêm Gwpan FA Lloegr yn erbyn Caer. Aeth ymlaen i fwynhau gyrfa hir a llwyddiannus yn Anfield, gan chwarae 341 o gêmau dros y clwb.

Roedd Ray yn aelod pwysig iawn o'r tîm a enillodd Bencampwriaeth yr Adran Gyntaf yn nhymor 1946/47, a daeth y Cymro o Fagillt yn gryn ffefryn ymysg cefnogwyr Lerpwl. Yn ystod ei gyfnod maith yn Anfield chwaraeodd Ray Lambert ochr yn ochr â phêl-droedwyr chwedlonol Lerpwl megis Billy Liddell ac Albert Stubbins.

Ym 1950 roedd Ray yn aelod o'r tîm a lwyddodd i gyrraedd rownd derfynol Cwpan FA Lloegr, ac roedd cryn gyffro ymysg chwaraewyr Lerpwl am mai dyna oedd y tro cyntaf erioed i'r clwb ymddangos mewn rownd derfynol yn Stadiwm Wembley. Ond serch y cyffro, roedd Arsenal yn rhy gryf i Lerpwl y diwrnod hwnnw, a llwyddodd chwaraewyr fel Joe Mercer, Wally Barnes a'r cricedwr Denis Compton i ddisgleirio i'r tîm o Lundain. Collodd Lerpwl o 2 gôl i 0, ac roedd siom i ddau Gymro y diwrnod hwnnw – Ray Lambert a gôl-geidwad Lerpwl, Cyril Sidlow, oedd hefyd yn hanu o Gymru.

Am gyfnod ar ôl hynny, gwaethygu fu hanes tîm Lerpwl, ac ar ddiwedd tymor 1953/54 disgynnodd y clwb i'r Ail Adran. Yn wir, mae'n bosibl y byddai tîm Ray Lambert wedi aros yn yr Adran Gyntaf y tymor hwnnw oni bai am gyfraniad Cymro arall! Yn ystod gêm ddiwedd tymor ym 1954 rhwng Lerpwl a Chaerdydd yn Anfield, roedd yn rhaid i'r Cochion ennill er mwyn cael aros yn yr Adran Gyntaf. Yn ystod y gêm honno roedd y Cymro enwog Alf Sherwood wedi cymryd lle gôl-geidwad arferol Caerdydd oedd wedi'i anafu (roedd Sherwood yn gwneud hynny'n aml i'w glwb ac i Gymru), pan ddyfarnwyd cic o'r smotyn i'r tîm cartref. Â Chaerdydd ar y blaen o gôl i ddim ar y pryd, camodd y chwedlonol Billy Lidell ymlaen i gymryd y gic, ond fe'i harbedwyd gan Sherwood a disgynnodd Lerpwl. I wneud pethau'n waeth i'r Cochion y tymor hwnnw, un o'r clybiau a gymerodd eu lle yn yr Adran Gyntaf oedd eu cymdogion, Everton.

Bythefnos cyn ei ben-blwydd yn 34 oed ym 1956, cyhoeddodd Ray Lambert ei benderfyniad i ymddeol fel pêl-droediwr. Erbyn hynny roedd y gŵr o Fagillt wedi bod yn was ffyddlon i Lerpwl, ac roedd ei deyrngarwch a'i ymrwymiad i'r clwb dros gyfnod maith wedi ennill parch iddo o du ei gyd-chwaraewyr yn ogystal â'r cefnogwyr.

Ar lefel ryngwladol, chwaraeodd Ray Lambert bump o weithiau dros Gymru, yn erbyn yr Alban, Lloegr, Portiwgal, Gwlad Belg a'r Swisdir. Yn ogystal â hynny, gwnaeth Ray bedwar ymddangosiad rhyngwladol yn ystod y rhyfel, a chwaraeodd dros dîm y fyddin yn erbyn Portiwgal. Ar ôl ymddeol o'r byd pêl-droed bu'n berchen ar fusnes siop papurau newydd yn Queensferry tan 1989. Erbyn heddiw mae o wedi ymddeol ac mae'n byw yn Ewloe, ger Penarlâg.

Kevin Ratcliffe

Cafodd Kevin Ratcliffe ei eni ym Mancot, Glannau Dyfrdwy, ar Dachwedd 12fed 1960. Mynychodd Ysgol Gynradd Taliesin yn Shotton cyn symud ymlaen i'r ysgol uwchradd leol. Ers ei blentyndod roedd Kevin â'i fryd ar fod yn bêl-droediwr proffesiynol, ac arferai freuddwydio am chwarae i'w hoff dîm, Everton. Roedd Bryan Ratcliffe, tad Kevin, yn bêl-droediwr da yn ei ddydd, a bu'n chwarae i dimau A a B Everton pan oedd yn ei arddegau. Pan oedd Kevin yn wyth oed, cafodd gyfle i fynd i wylio

Everton ym Mharc Goodison am y tro cynta yng nghwmni ei dad, a buan iawn y daeth chwaraewyr fel Alan Ball, Colin Harvey a Howard Kendall yn arwyr i'r bachgen o Lannau Dyfrdwy.

Ond cyn hir nid oedd gan Kevin Ratcliffe lawer o amser i wylio Everton, wrth iddo fynd ati i chwarae'r gêm o ddifrif. Dechreuodd esgyn yr ysgol bêl-droed trwy chwarae i dîm enwog Ysgolion Cynradd Glannau Dyfrdwy, ac ar ôl hynny datblygodd yn gyflym iawn trwy chwarae i dimau ysgolion Sir y Fflint dan 13 a 15 oed. Yn ogystal â hynny, Kevin oedd capten tîm Ysgol Uwchradd Cei Connah a enillodd bencampwriaeth Ysgolion Clwyd dan 15 oed. Wrth edrych yn ôl dros y cyfnod hwnnw, mae Kevin yn awyddus i gydnabod y dylanwad pwysig a gafodd ei hyfforddiant cynnar yn Sir y Fflint ar ei lwyddiant fel pêl-droediwr:

'Roedden ni'n lwcus fel plant bod cymaint o gynghreiriau lleol cryf ar gael i ni chwarae ynddynt. Mi gawson ni hyfforddiant ardderchog a buan iawn y datblygodd ein cryfder corfforol a meddyliol. Roedd cael chwarae i dimau fel Ysgolion Cynradd Glannau Dyfrdwy yn brofiad dysgu heb ei ail.'

Cyn bo hir roedd enw Kevin Ratcliffe yn dechrau dod yn adnabyddus, a'r cam nesaf iddo oedd cael ei ddewis i chwarae i dîm ysgolion Cymru dan 15 oed. Yn ystod y cyfnod hwnnw roedd Kevin yn ymarfer yn achlysurol efo Caer, ac mae'n bosibl y byddai wedi arwyddo i'r clwb hwnnw pe na bai'r alwad wedi dod gan ei hoff dîm, Everton. George Ryan, sgowt Everton yng Ngogledd Cymru, oedd yn gyfrifol am ddenu Kevin i Barc Goodison, ac fel mae Kevin ei hun yn egluro yn ei lyfr, *My Memories of Everton*, doedd dim angen llawer o berswâd arno:

'Doedd hi ddim fel pe bai Everton yn unrhyw hen glwb. Fy nghlwb i oedd o, clwb efo hanes gwych, a dyma fi yn cael y cyfle i ddilyn ôl troed nifer o chwaraewyr mawr oedd wedi gwneud eu marc yn y gynghrair bêl-droed dros y blynyddoedd a fu.' (6a)

Ar ôl gweithio'i ffordd trwy dimau ieuenctid Everton, a chwarae i ail dîm y clwb, bu'n rhaid i Kevin aros ei dro cyn chwarae ei gêm lawn gyntaf, ond daeth ei gyfle ym Mawrth 1980 pan chwaraeodd yn erbyn Manchester United yn Old Trafford. Am gyfnod hir wedyn roedd Kevin yn tueddu i fod i mewn ac allan o'r tîm, a châi ei ddewis fel cefnwr chwith yn aml, – roedd hynny er gwaetha'r ffaith ei fod yn ffafrio safle yng nghanol yr amddiffyn. Erbyn 1982 roedd Kevin Ratcliffe yn teimlo'n hollol rhwystredig gyda'i sefyllfa yn Everton, a phenderfynodd ofyn i'r rheolwr Howard Kendall am drosglwyddiad. Heb yn wybod i Kevin ar y pryd, roedd Bobby Robson, rheolwr Ipswich, â diddordeb yn y Cymro, ond yn y diwedd nid oedd angen iddo symud oherwydd cafodd ei le yng nghanol amddiffyn Everton am weddill tymor 1982/83.

O hynny ymlaen daeth doniau Kevin Ratcliffe i'r amlwg. Yn bêl-droediwr hynod gyflym, roedd gan Kevin y deallusrwydd i ddarllen sefyllfaoedd ar y cae pêl-droed, ac roedd o'n gallu dosbarthu'r bêl o'r cefn yn effeithiol iawn. Yn ogystal â hynny, roedd y Cymro yn daclwr cryf ac yn arweinydd naturiol oedd â'r gallu i ysbrydoli eraill.

Erbyn mis Rhagfyr 1983, Kevin Ratcliffe oedd capten clwb Everton, ac ar ddiwedd tymor 1983/84 camodd yr hogyn o Lannau Dyfrdwy i fyny'r grisiau yn Stadiwm Wembley i godi Cwpan FA Lloegr ar ran ei dîm, oedd newydd guro Watford o 2 gôl i 0. Roedd y fuddugoliaeth yn fwy melys fyth oherwydd bod Everton wedi colli i'w cymdogion Lerpwl yn rownd derfynol Cwpan y Gynghrair yn gynharach yn y tymor. Profodd y llwyddiant yn erbyn Watford yn sbardun i bawb yn y clwb, ac yn ystod y blynyddoedd nesaf mwynhaodd Everton gyfnod euraid dan gapteniaeth a dylanwad Kevin Ratcliffe.

Roedd tymor 1984/85 yn un hynod lwyddiannus i Everton wrth i'r clwb ennill Pencampwriaeth yr Adran Gyntaf a Chwpan Enillwyr Cwpanau Ewrop. Daeth y llwyddiant yn Ewrop yn dilyn buddugoliaeth o 3 gôl i 1 yn y rownd derfynol yn erbyn Rapid Vienna yn Rotterdam, ac roedd Kevin yn hynod falch o'r gamp, fel yr eglura yn ei lyfr:

> 'Roedd ein rheolwr, Howard Kendall, wedi gwneud ei waith cartref yn y dyddiau a'r wythnosau'n arwain at y gêm, ac wrth i ni redeg ar y cae ar gyfer gêm fwyaf ein gyrfaoedd, roedden ni'n gwybod beth i'w ddisgwyl a beth i'w wneud os oedden ni am sicrhau buddugoliaeth. Diolch byth aeth popeth yn iawn ac enillon ni o 3 gôl i 1. Hwn, heb os, oedd fy mhrofiad balchaf fel chwaraewr. (6b)

Bu bron iawn i Everton ychwanegu Cwpan FA Lloegr at restr eu llwyddiannau y tymor hwnnw, ond colli o gôl i ddim yn erbyn Manchester United yn y rownd derfynol oedd hanes y tîm.

Yn dilyn llwyddiant 1984/85 roedd cryn edrych ymlaen ymysg cefnogwyr Everton at y tymor canlynol, ond fel y digwyddodd pethau, siom oedd yn eu disgwyl. Yn dilyn y digwyddiadau trychinebus yn Stadiwm Heysel cafodd clybiau Lloegr eu gwahardd rhag chwarae yn Ewrop, ac ni chafodd Everton y cyfle i gystadlu yng Nghwpan Ewrop y tymor hwnnw, ffaith y mae Kevin yn dal i'w chofio hyd heddiw:

'Un o'r ychydig bethau dwi'n difaru fel pêl-droediwr ydi colli'r cyfle i chwarae yng Nghwpan Ewrop efo Everton. Roedd ganddon ni dîm da ar y pryd, ac mae'n bosibl y bydden ni wedi gwneud yn dda.'

Ar ddiwedd y tymor hwnnw gorffennodd tîm Kevin Ratcliffe yn ail yn yr Adran Gyntaf, a chollodd Everton o 3 gôl i 1 yn erbyn Lerpwl yn rownd derfynol Cwpan Lloegr, wrth i hogyn arall o Sir y Fflint, Ian Rush, sgorio ddwywaith. Y tymor canlynol, serch hynny, roedd Everton yn ôl ar y brig, ac ar Fai 9fed 1987 cododd Kevin Ratcliffe dlws y bencampwriaeth am yr ail dro mewn tair blynedd, camp y mae Kevin yn ymfalchïo ynddi hyd heddiw:

'Roeddwn wrth fy modd yn ennill y gynghrair am yr ail waith. Dydi o byth yn hawdd efelychu llwyddiant, ac roeddwn i'n falch iawn o fod yn gapten y tîm a enillodd ddwy bencampwriaeth mewn tri thymor.'

Hyd at ddechrau tymor 1987/88 roedd Kevin wedi bod yn aelod cyson o dîm Everton, ond yn anffodus, dioddefodd anaf mewn gêm yn erbyn Sheffield Wednesday ar Ionawr 9fed 1988, a methodd chwarae'r un gêm arall tan fis Hydref y flwyddyn honno. Ar ddiwedd tymor 1988/89, a Kevin yn ôl fel capten, dychwelodd Everton i Wembley ar gyfer rownd derfynol Cwpan FA Lloegr, ond yn anffodus i'r tîm, colli o 3 gôl i 2 yn erbyn eu hen elynion a chymdogion Lerpwl oedd eu hanes. A phwy oedd sgoriwr dwy o goliau Lerpwl? Neb llai nag Ian Rush!

Gyda hynny daeth cyfnod llwyddiannus Everton i ben, a gorffen pob tymor yng nghanol yr adran oedd tueddiad y tîm yn ystod y blynyddoedd nesaf. Erbyn Medi 1991 roedd Kevin wedi colli ei le yn y tîm, ac ar Ragfyr 4ydd chwaraeodd ei gêm olaf i'r clwb, yn erbyn Leeds United. Erbyn hynny roedd wedi chwarae 350 o gêmau cynghrair i Everton, ac wedi llwyddo i ennill ei le yn llyfrau hanes y clwb fel ei gapten mwyaf llwyddiannus erioed. Serch hynny, roedd gorfod ffarwelio ag Everton yn dasg anodd iawn i Kevin, fel mae o ei hun yn egluro yn ei lyfr (t.49):

> 'Roedd gadael Everton yn anodd iawn, diwrnod gwaetha fy mywyd a bod yn onest. Ond roedd gen i fy medalau, fy atgofion, a beth bynnag oedd yn fy nisgwyl yn y dyfodol roeddwn wedi cael y fraint o chwarae dros Everton, fy hoff dîm.' (6c)

Am gyfnod wedyn chwaraeodd Kevin Ratcliffe ar fenthyg i Dundee yn yr Alban, cyn cael ei arwyddo gan Gaerdydd. Cafodd y Cymro gyfnodau eraill yn chwarae i Nottingham Forest a Derby County, a chwaraeodd ei gêm glwb rhif 547, a'r olaf, dros ei glwb olaf, Dinas Caer, yn erbyn Huddersfield Town ar Fawrth 11eg 1995. Ar ôl ei ymddeoliad fel chwaraewr bu Kevin yn rheolwr ar glwb Caer am gyfnod, ond yn dilyn trafferthion ariannol dybryd disgynnodd y clwb allan o'r gynghrair.

Yn fuan wedyn apwyntiwyd Kevin i swydd rheolwr Shrewbury Town, ond yn anffodus cafodd hanes ei ailadrodd i Kevin wrth i'r tîm ddisgyn i gynghrair y Vauxhall Conference, a gadawodd Kevin y clwb. Erbyn heddiw mae Kevin Ratcliffe yn byw yn Ewloe, Glannau Dyfrdwy, ac yn gweithio i'r BBC fel sylwebydd ar gêmau pêl-droed.

Yn ogystal â mwynhau llwyddiant ar lefel clwb, cafodd Kevin Ratcliffe yrfa ryngwladol hir i Gymru. Chwaraeodd ei gêm ryngwladol gyntaf ym 1981 yn erbyn Czechoslovakia ac aeth ymlaen i ennill 59 o gapiau dros Gymru. Yn fuan ar ôl cael ei benodi'n gapten Everton ym 1983, daeth Kevin yn gapten ar ei wlad, a chyflawnodd y swydd honno â balchder ac urddas.

Chwaraeodd Kevin mewn nifer o gêmau pwysig dros Gymru, a llwyddai i ddod â chyflymder a sefydlogrwydd i ganol amddiffyn ei wlad. Fel yn achos cynifer o gapteiniaid Cymru'r gorffennol, boddi yn ymyl y lan fu hanes Kevin wrth geisio arwain ei wlad i rowndiau terfynol twrnament mawr, ffaith sy'n dal i'w frifo hyd heddiw:

'Dwi ddim yn difaru fawr ddim o'm cyfnod fel pêl-droediwr proffesiynol, ond un peth sy'n dal i gorddi ydi'r methiant i gyrraedd twrnament mawr efo Cymru. Roedd ganddon ni chwaraewyr gwych ar y pryd, yn cynnwys Neville Southall, Ian Rush a Mark Hughes, a byddai wedi bod yn dda iddyn nhw gael cyfle i arddangos eu talentau i weddill y byd pêl-droed.'

Wrth ddwyn i gof rhai o'i gêmau mwyaf cofiadwy fel chwaraewr rhyngwladol yn ei lyfr My Memories of Everton, mae Kevin yn enwi buddugoliaeth Cymru yn erbyn Gwlad Belg ym 1990, pan lwyddodd yr hogyn o Lannau Dyfrdwy i ennill ei hanner canfed cap dros ei wlad (t.91):

'Enillais fy hanner canfed cap yn y gêm hon, ac fel y gallwch ddisgwyl roedd o'n un o achlysuron balchaf fy ngyrfa. Pan enillais fy nghap cynta dros fy ngwlad wnes i erioed feddwl y byddwn yn gallu efelychu camp rhai o chwaraewyr chwedlonol Cymru. Dim ond un ar ddeg o chwaraewyr oedd wedi cyflawni'r gamp o'm blaen, ac roedd cymryd fy lle ochr yn ochr ag enwau mawr fel Ivor Allchurch, Dai Davies, Brian Flynn a Terry Yorath yn wefr fawr.' (6d)

Does dim amheuaeth bod Kevin Ratcliffe ei hun bellach yn enw chwedlonol yn y byd pêl-droed yng Nghymru.

Chwaraewyr Canol Cae

Ron Hewitt

Un o dre'r Fflint yw Ronald Hewitt, a chafodd ei eni yno ar Fehefin 21ain 1928, yn un o 13 o blant. Tra oedd yn chwarae i dîm ei ysgol uwchradd, Flint Central, amlygodd Ron ei allu fel pêl-droediwr, a chyn hir roedd o'n chwarae i dimau ysgolion Sir y Fflint a Gogledd Cymru. Yn ogystal â hynny, roedd Ron yn hoffi chwarae i'w dîm lleol, Oakenholt St. Davids, a thra oedd yn chwarae i'r clwb hwn cafodd ei weld a'i arwyddo gan sgowt o Wolverhampton Wanderers.

Er iddo weithio'n galed i ddatblygu ei ddawn fel chwaraewr gyda Wolves, ni chwaraeodd Ron yr un gêm gynghrair dros y clwb. Yn hyn o beth torrwyd ar draws ei yrfa fel pêl-droediwr pan gafodd ei alw i dreulio dwy flynedd o Wasanaeth Cenedlaethol. Ar ôl cwblhau ei gyfnod yn y fyddin dychwelodd Ron i Wolves, ond chwaraeodd ei gêm gynghrair gyntaf tra oedd ar fenthyg i Walsall ym 1949, a llwyddodd i sgorio dwy gôl yn y fuddugoliaeth yn erbyn Ipswich Town. Chwaraeodd 7 gêm arall ar fenthyg i Walsall cyn dychwelyd i Wolves, ond erbyn 1949/50 roedd hi'n amlwg na fyddai'n debygol o gael cyfle i chwarae i'r clwb o'r canolbarth, a phenderfynodd symud i Darlington yn y Drydedd Adran.

Arhosodd Ron Hewitt am un tymor yn unig yn Darlington cyn penderfynu symud i Wrecsam ym 1951. Ar ôl cyrraedd y Cae Ras dechreuodd gyrfa Ron Hewitt o ddifri, ac aeth ymlaen i fwynhau chwe thymor llwyddiannus efo Wrecsam. Chwarae yn safle'r 'Inside Forward' a wnâi Ron, a datblygodd i fod yn bêl-droediwr celfydd oedd hefyd yn sgoriwr goliau. Roedd Ron Hewitt yn aelod o'r tîm a orffennodd yn y trydydd safle ar ddiwedd tymor 1952/53, ac enillodd Gwpan Cymru gyda Wrecsam ym 1957.

Ym Mehefin 1957 penderfynodd Ron symud i Gaerdydd, gan honni y byddai chwarae i glwb y brifddinas yn gwella ei siawns o ennill cap i Gymru.

> *'Mi wnes i sgorio llawer o goliau i Gaerdydd, a sawl un ohonynt yn goliau a enillodd gêmau. Os oeddech chi'n chwarae i Gaerdydd roedd gennych gyfle da i gael eich dewis i Gymru oherwydd roedd y rhan fwyaf o'r dewiswyr i lawr yn ne Cymru,'* meddai. (7)

Dau o gôl-geidwaid Sir y Fflint: Tony Norman yn chwarae i Sunderland a Grenville Millington yn ystod gêm dysteb Wayne Brown.

Mwynhaodd Mike England yrfa lwyddiannus yn chwarae i Tottenham Hotspur. Bu hefyd yn gapten Cymru ac yn rheolwr ar y tim.

Kevin Ratcliffe yw capten mwyaf llwyddiannus Everton.

Enillodd Kevin Ratcliffe 59 o gapiau i Gymru.

Mwynhaodd Barry Horne yrfa hir fel pêl-droediwr. Bu hefyd yn Gadeirydd y Gymdeithas Pêl-droedwyr Proffesiynol.

Barry yn gwisgo crys Huddersfield.

*Barry Horne oedd olynodd Pat Nevin fel Cadeirydd
y Gymdeithas Pêl-droedwyr Proffesiynol.*

Chwaraeodd Gary Speed i glybiau fel Leeds United, Everton, Newcastle United a Bolton.

Penderfynodd Gary ymddeol o bêl-droed rhyngwladol yn Hydref 2004.

Enillodd Gary Speed 85 o gapiau i Gymru.

Bu Gareth Owen yn was ffyddlon i Wrecsam, a chafodd y dyn o Gei Conna gêm dysteb yn erbyn Manchester United.

Mae Roy Vernon o Ffynnongroyw yn enw chwedlonol i gefnogwyr Clwb Pêl-droed Everton hyd heddiw.

Ron Davies (rhes gefn, pedwerydd o'r chwith). Bu Ron Davies yn sgoriwr goliau toreithiog i Southampton. Yn ystod tymor 1966/67 sgoriodd 43 o goliau i'r 'Saints'.

Mae hanes John Lyons yn un trasig. Ar ôl chwarae i glybiau fel Wrecsam a Millwall, cyflawnodd John hunanladdiad yn 26 oed.

Torrodd Michael Owen recordiau Gary Speed ac Ian Rush tra oedd yn chwarae i dîm Ysgolion Cynradd Glannau Dyfrdwy. Aeth Michael ymlaen i chwarae i Real Madrid!

Sawl blwyddyn yn ôl bellach prynodd Michael ddatblygiad o dai ar gyfer ei deulu ym Mhenarlâg.

Mae Ian Rush yn un o ymosodwyr gorau gwledyddd Prydain erioed.

Ian Rush a Kenny Dalglish yn dathlu ennill y Gwpan.

Y dyn o'r Fflint yw prif sgoriwr Lerpwl a Chymru hyd heddiw.

Roedd Ian Rush yn aelod o sawl tîm o Lerpwl a enillodd dlysau.

Yn fuan ar ôl cyrraedd Caerdydd cafodd Ron ei ddewis i chwarae i Gymru mewn gêm yn erbyn Israel. Aeth ymlaen i ennill pum cap llawn dros ei wlad.

Heb os, roedd Ron yn bêl-droediwr cyffrous iawn oedd â'r gallu i ymuno â'r ymosod yn gyson o'i safle fel 'Inside Forward'. Sgoriodd 27 o goliau mewn 64 o gêmau cynghrair dros Gaerdydd, ond ym 1959 penderfynodd ddychwelyd i Wrecsam. Er iddo sgorio 14 o goliau mewn 31 o gêmau yn ystod ei ail gyfnod ar y Cae Ras, byrhoedlog oedd ei arhosiad y tro hwn, ac ym 1960 symudodd i Coventry City am £4,500.

Dwy flynedd yn unig barodd Ron Hewitt yn Coventry City, a gadawodd y clwb pan ddaeth Jimmy Hill yn rheolwr. Arwyddodd wedyn i Gaer yn y Bedwaredd Adran, ac ar ôl treulio dau dymor gyda'r clwb symudodd i Hereford United yn y Southern League. Yn dilyn cyfnod yn chwarae i glybiau amatur megis Witton Albion a Chaernarfon, penderfynodd Ron ymfudo i Awstralia ym 1970 i fod yn chwaraewr/rheolwr gyda Bankstown, Sydney. Treuliodd ddwy flynedd gyda'r clwb cyn dychwelyd i Wrecsam i weithio i gwmni BICC tan ei ymddeoliad ym 1995. Bu farw Ron yn 2001, a hyd y diwedd roedd o'n hoff iawn o drafod pêl-droed a'r cyfnod llwyddiannus a gafodd fel chwaraewr.

Pan oedd yn ei anterth roedd Ron Hewitt yn bêl-droediwr cyffrous, creadigol oedd yn dipyn o ffefryn ymysg y cefnogwyr. Mwynhaodd gyfnodau llwyddiannus iawn tra oedd yn chwarae i Wrecsam a Chaerdydd, a sgoriodd lawer o goliau dros y ddau glwb. Roedd Ron yn hynod falch o'r pum cap a enillodd dros Gymru, a bu'n ddigon ffodus i chwarae yn rowndiau terfynol Cwpan y Byd yn Sweden ym 1958. Chwaraeodd yn erbyn Sweden a Hwngari yn y gystadleuaeth honno, ac roedd yn aelod o'r tîm chwedlonol a wynebodd Brasil yn y rownd go-gyn-derfynol. Nid oes amheuaeth bod y profiad o chwarae yn y twrnament hwnnw ymhlith ei uchafbwyntiau fel pêl-droediwr.

Barry Horne

Cwestiwn: beth yw'r cysylltiad rhwng Barry Horne a'r grŵp *The Pogues*? Ateb: does dim cysylltiad heblaw am y ffaith i mi gofio gweld Barry yn un o gigiau'r grŵp ym Mhrifysgol Lerpwl tua 1985/86. Pêl-droediwr gyda Wrecsam oedd Barry ar y pryd, a chofiaf ei weld yn sefyll yng nghefn y neuadd yn gwylio'r *Pogues* tra mod i a'm ffrindiau o Dreffynnon yn neidio o gwmpas fel ffyliaid!

Brodor o bentref Bagillt yw Barry Horne, a chafodd ei eni yn Ysbyty Llanelwy ar Fai 18fed 1962. Roedd Barry yn hoff iawn o chwarae pêl-droed pan oedd yn fachgen ifanc, ond roedd hefyd yn alluog yn yr ysgol. Bu'n aelod amlwg o dîm llwyddiannus Ysgolion Cynradd Glannau Dyfrdwy, ond ar ôl gadael yr ysgol penderfynodd fynd i'r Brifysgol yn Lerpwl er mwyn astudio Cemeg, a graddiodd o'r coleg ym 1983 gyda BSc. Ym 1984 aeth ymlaen i ennill gradd Meistr mewn Peirianneg, ac erbyn hynny roedd o wedi dechrau chwarae pêl-droed i dîm y Rhyl yng nghynghrair y Northern Premiere. Mae brawd Barry, Darren, hefyd yn bêl-droediwr da ac mae o wedi chwarae i glybiau lleol fel Treffynnon a'r Fflint.

Tra oedd yn chwarae i'r Rhyl yn erbyn Wrecsam yn ystod gêm Cwpan Cymru daeth Barry Horne i sylw Bobby Roberts, rheolwr Wrecsam ar y pryd, ac ym Mehefin 1984 arwyddodd i'r Cochion. Aeth y gŵr o Fagillt ymlaen i fwynhau tri thymor llwyddiannus iawn ar y Cae Ras, ac ym 1986 enillodd Gwpan Cymru gyda'r clwb. Barry Horne sgoriodd y gôl fythgofiadwy honno ym Mhortiwgal yn Nachwedd 1984 pan lwyddodd Wrecsam i oresgyn clwb F.C. Porto yng nghystadleuaeth Cwpan Enillwyr Cwpanau Ewrop. Chwaraewr canol cae cryf a gweithgar oedd Barry yn ystod ei gyfnod ar y Cae Ras, a llwyddodd i sgorio 29 o goliau tra oedd yn chwarae i'r clwb.

Ym Mai 1987 symudodd i Portsmouth am £70,000, a daeth y Cymro yn aelod rheolaidd o dîm Alan Ball oedd newydd ennill dyrchafiad i'r Adran Gyntaf. Yn ystod ei gyfnod yn chwarae dros 'Pompey' byddai Barry yn chwarae yn safle'r cefnwr yn aml iawn, ac ar ddiwedd ei dymor cyntaf gyda'r clwb cafodd ei ddewis yn Chwaraewr y Flwyddyn. Aeth ymlaen i chwarae mewn 70 o gêmau cynghrair i Portsmouth cyn cael ei arwyddo gan gymdogion y clwb, Southampton, ym 1989 am £700,000 – swm oedd yn record i'r 'Saints' ar y pryd.

Tra oedd ar y 'Dell' symudodd Barry yn ôl i'w safle yng nghanol y cae, a gwnaeth enw iddo'i hun fel pêl-droediwr cadarn a dibynadwy. Ni lwyddodd i rwydo'n aml yn ystod ei gyfnod gyda Southampton, ond roedd ei goliau'n tueddu i fod yn rhai cofiadwy, fel yr un yn erbyn Bolton mewn gêm Cwpan FA Lloegr. Llwyddodd Barry a Southampton i gyrraedd rownd derfynol Cwpan ZDS ym 1992 ond, yn anffodus i'r Cymro, colli o drwch blewyn fu hanes ei dîm yn erbyn Nottingham Forest. Ar ôl chwarae 112 o gêmau cynghrair dros Southampton, cafodd Barry Horne ei werthu i Everton yn Awst 1992 am £700,000, ac aeth ymlaen i fwynhau cyfnod llwyddiannus ar Barc Goodison.

Un o uchafbwyntiau gyrfa Barry Horne oedd y gôl a sgoriodd dros Everton yn erbyn Wimbledon ar Sadwrn olaf tymor 1993/94. Roedd yn rhaid i Everton ennill y gêm honno er mwyn aros yn y Brif Adran, a diolch i daran o ergyd gan Barry i ddod â'i dîm yn gyfartal, llwyddodd Everton i ennill o 3 gôl i 2. Fel hyn y disgrifiwyd y gôl honno gan sylwebydd pêl-droed Radio 5, Mike Ingham:

'... Ac wrth i chi ddychwelyd atom mae'r to newydd gael ei chwythu i ffwrdd gan daranfollt Barry Horne!'

Daeth Barry'n aelod pwysig o chwaraewyr canol cae Everton oedd yn adnabyddus fel y 'Dogs of War', ac ym 1995 llwyddodd y tîm i synnu pawb trwy guro Manchester United o 1 gôl i 0 yn rownd derfynol Cwpan FA Lloegr. Roedd y Cymro o Fagillt yn berson balch iawn wrth iddo dderbyn ei fedal enillwyr yn Stadiwm Wembley y prynhawn hwnnw.

Ar ôl chwarae 123 o gêmau cynghrair dros Everton, symudodd Barry i Birmingham City yn yr Adran Gyntaf ym 1996 am £250,000. Chwaraeodd ei gêm gyntaf i'w glwb newydd yn Awst 1996 yn erbyn Crystal Palace, ac aeth ymlaen i chwarae mewn 33 o gêmau dros Birmingham. Ar ôl hynny chwaraeodd Barry i Huddersfield, Sheffield Wednesday a Kidderminster Harriers, cyn gorffen ei yrfa broffesiynol gyda Walsall.

Ym 1997 daeth Barry Horne yn llefarydd ei gyd-chwaraewyr oddi ar y cae yn rhinwedd ei swydd yn Gadeirydd Cymdeithas y Pêl-droedwyr Proffesiynol, a chyflawnodd ei waith yn ardderchog am gyfnod hir o amser. Erbyn heddiw mae Barry'n gweithio fel gohebydd pêl-droed i'r BBC, ac weithiau mae'n aelod o'r panel teledu sy'n dadansoddi gêmau rhyngwladol Cymru. Mae Barry yn unigolyn sy'n gallu mynegi ei hun yn dda, ac mae ei gyfraniadau wastad yn dangos gwybodaeth a dealltwriaeth o'r gêm.

Yn ogystal â mwynhau gyrfa hir ar lefel clwb, bu Barry hefyd yn aelod rheolaidd o dîm Cymru. Gwnaeth ei ymddangosiad cyntaf dros ei wlad fel eilydd yn y gêm yn erbyn Denmarc ym 1987, ac aeth ymlaen i ennill 59 o gapiau. Barry Horne oedd capten Cymru am nifer fawr o flynyddoedd, a llwyddai i ysbrydoli eraill â'i waith caled a'i ddyfalbarhad. Roedd yn aelod o sawl tîm o Gymru a ddaeth yn agos at gymhwyso ar gyfer rowndiau terfynol cystadleuaeth fawr, ac roedd ei benderfyniad a'i barodrwydd i frwydro i'r eithaf yn sbardun i bawb. Enillodd ei gap olaf dros ei wlad mewn gêm yn erbyn Gwlad Belg ym Mawrth 1997.

Wrth gloriannu gyrfa Barry Horne mae'n debyg mai ei lwyddiant yn rownd derfynol Cwpan FA Lloegr oedd ei uchafbwynt ar lefel clwb, ond rhaid cofio iddo chwarae mewn llawer o gêmau mawr a phwysig eraill hefyd. Un o'r rheini oedd gêm *'derby'* rhwng Portsmouth a Southampton, ac fel hyn mae Barry yn disgrifio'r profiad o chwarae dros 'Pompey' yn y gêm honno:

> *'Yn nhermau pêl-droed mae'r "derbies" mwyaf ym Manceinion, Glannau Mersi a gogledd Llundain oherwydd mae'r clybiau yn yr un ddinas. Ond mae'r angerdd rhwng Portsmouth a Southampton cyn gryfed ag yn unrhyw le, ac mae'n mynd y tu hwnt i bêl-droed oherwydd yr elyniaeth sy'n bodoli rhwng y ddwy ddinas.'* (8)

Heb os nac oni bai, mwynhaodd Barry Horne yrfa hir a chyffrous ar y cae pêl-droed, ac mae'n llawn haeddu ei le yn oriel anfawrolion pêl-droedwyr Sir y Fflint.

Gareth Owen

Ar ôl cael ei eni yng Nghaer ar Hydref 21ain 1971, cafodd Gareth Owen ei fagu yng Nghei Connah. Roedd Don Owen, tad Gareth, yn bêl-droediwr amatur da iawn, ac enillodd fedal enillwyr Cwpan Cymru gyda'r Fflint ym 1954 yn dilyn eu buddugoliaeth enwog yn erbyn Caer. Yn ogystal â hynny, chwaraeodd Don dros dîm Cei Connah yn ystod y pum degau. Mynychodd Gareth Ysgol Gynradd Golftyn rhwng 1975 a 1982, cyn symud ymlaen i Ysgol Uwchradd Cei Connah.

Dangosodd Gareth addewid mawr fel pêl-droediwr ifanc, a chwaraeodd i nifer o dimau lleol, yn cynnwys Bwcle a Bistre, Penarlâg, timau ei ysgolion a thîm Ysgolion Cynradd Glannau Dyfrdwy. Mae'n cofio'r cyfnod yn dda:

> 'Ron Bishop a Bryn Jones oedd yn rhedeg tîm Ysgolion Cynradd Glannau Dyfrdwy ac roedden nhw'n wych hefo ni. Roedd cryn dipyn o ddisgyblaeth ond roedden ni'n llwyddiannus. Roedd ganddyn nhw draddodiad hir o feithrin chwaraewyr mawr fel Ian Rush, Gary Speed a Kevin Ratcliffe, i enwi dim ond tri.'

Tra oedd yn chwarae i dîm Ysgolion Cynradd Glannau Dyfrdwy cafodd Gareth ei weld gan hyfforddwr tîm ieuenctid Caer, sef Cliff Sear. Bu Gareth yn derbyn hyfforddiant gyda thîm Caer am gyfnod o bedair blynedd wedyn, ond pan adawodd Cliff Sear am Wrecsam penderfynodd Gareth fynd gydag o. Arwyddodd i Wrecsam ym 1988.

Gweithiodd Gareth yn galed i'w wella'i hun fel pêl-droediwr, a chwaraeodd ei gêm gyntaf i Wrecsam yn erbyn Porthmadog mewn gêm yng nghystadleuaeth Cwpan Cymru. Erbyn tymor 1990/91 roedd Gareth wedi ei sefydlu ei hun yn nhîm cyntaf Wrecsam, ac roedd wrth ei fodd yn chwarae yng nghanol y cae. Yn bêl-droediwr cryf iawn, roedd Gareth yn gallu pasio'r bêl yn gelfydd iawn, yn arbennig dros bellteroedd hir. Yn ogystal â hynny, roedd yn hoff iawn o redeg at ei wrthwynebwyr, ac roedd o'n meddu ar ergyd gref dros ben.

Ym 1991/92 chwaraeodd Gareth ran flaenllaw wrth i Wrecsam fwynhau rhediad Cwpan FA Lloegr annisgwyl o lwyddiannus.

Roedd cyfraniad Gareth i'r fuddugoliaeth hanesyddol yn erbyn Arsenal yn un nodedig iawn, ac nid yw'n annisgwyl bod ganddo atgofion melys o'r gêm honno.

'Roedd mynd yn ôl ar y cae i ddathlu gyda'r cefnogwyr ar ôl i ni guro Arsenal yn un o'm profiadau mwyaf cofiadwy fel pêl-droediwr. Yn ogystal â hynny, roedd hi'n wych clywed Jimmy Hill a Trevor Brooking yn cyfeirio ata i ar 'Match Of The Day' *y noson honno.'*

Ar ddiwedd tymor 1992/93 enillodd Wrecsam ddyrchafiad i'r Ail Adran, ac nid oes amheuaeth bod perfformiadau cryf Gareth yng nghanol y cae wedi bod yn ffactor bwysig yn y llwyddiant. Yn anffodus, yn ystod y blynyddoedd nesaf dioddefodd gyfres o anafiadau, a thueddai i golli llawer o gêmau o ganlyniad. Cafodd yr anafiadau hyn effaith ar ei gysondeb fel chwaraewr am gyfnod, ac wrth ei wylio'n chwarae roedd rhywun yn ymwybodol o'i botensial mawr pe gallai berfformio'n gyson i'r un safon. Enillodd Gareth Gwpan Cymru gyda Wrecsam ym 1995 a'r Premier Cup yn 2000.

Ar ôl chwarae bron i 350 o gêmau Cynghrair i Wrecsam cafodd Gareth ei ryddhau gan y clwb, yn annisgwyl braidd, yn 2001, ond cyn iddo adael cafodd gêm dysteb yn erbyn Manchester United.

'Roedd cael y cyfle i chwarae yn erbyn United yn fy ngêm dysteb yn brofiad arddercho,' meddai Gareth. *'Wrth i mi arwain y tîm i'r cae o flaen torf fawr ar y Cae Ras mi deimlwn yn emosiynol iawn.'*

Symudodd Gareth i Doncaster Rovers wedyn ac aeth ymlaen i chwarae dros 50 o gêmau cynghrair dros y clwb hwnnw. Yn dilyn cyfnod byr ar fenthyg yn Northwich, penderfynodd ddychwelyd adref go iawn, ac yn 2003 arwyddodd i'w glwb lleol, Connah's Quay Nomads, yn Uwch Gynghrair Cymru.

Wrth edrych yn ôl dros ei yrfa, mae Gareth yn ymfalchïo yn yr hyn a gyflawnodd fel pêl-droediwr proffesiynol.

'Ychydig iawn o bethau dwi'n eu difaru. Mae'n bosibl bod peidio â mynd ymlaen i chwarae safon uwch o bêl-droed yn un peth, ac mae peidio ag ennill cap llawn dros Gymru yn un arall. Ond rhaid i mi ddweud i mi fwynhau pob munud o'm cyfnod fel pêl-droediwr proffesiynol.'

Ar y lefel ryngwladol enillodd Gareth Owen wyth o gapiau dan 21 i Gymru, ac un cap i dîm 'B' Cymru mewn gêm yn erbyn Canada Olympic XI ym 1992. Wrth gloriannu ei yrfa, nid oes amheuaeth i Gareth fod yn was ffyddlon iawn i Glwb Pêl-droed Wrecsam dros gyfnod hir o amser. Chwaraeodd mewn llawer o gêmau cofiadwy, ac roedd yn rhan bwysig iawn o'r timau a gurodd y clybiau mawr mewn gêmau Cwpan FA Lloegr. Wrth ddychwelyd i chwarae pêl-droed yn Sir y Fflint gyda Chei Connah ar ddiwedd ei yrfa, gwnaeth Gareth gyfraniad pwysig i fro ei febyd, ffaith y mae ef ei hun yn falch ohoni.

'Roeddwn i'n arfer gwylio'r Nomads pob pnawn Sadwrn, gartre ac oddi cartre, yng nghwmni fy mam a modryb i mi, felly mae'n braf iawn cael chwarae i dîm roeddwn i'n arfer ei gefnogi. Chwaraeodd fy nhad dros y clwb yn ôl yn y pum degau hefyd, felly mae'n dda iawn gallu parhau â'r traddodiad teuluol.'

Yn ystod Mehefin 2005 daeth y newyddion bod Gareth wedi'i benodi yn rheolwr Clwb Pêl-droed Airbus UK, tîm arall o Sir y Fflint sy'n cystadlu yn y Gynghrair Genedlaethol. Amser a ddengys a fydd Gareth yn gallu efelychu'i lwyddiannau fel chwaraewr yn y maes rheoli.

Yn ddiweddar mae Gareth wedi datblygu diddordeb mewn chwarae'r gitâr, ac mae o a'i ffrind Chris Williams wedi ffurfio deuawd o'r enw 'Go Large'. Mae'r ddau wedi perfformio caneuon Oasis, Sterephonics, Guns 'n' Roses a.y.b. mewn ambell gìg yn ardal Glannau Dyfrdwy, ac erbyn hyn maen nhw'n dechrau ysgrifennu eu caneuon eu hunain.

Gary Speed

Pêl-droediwr sy'n hoff o dorri recordiau yw Gary Speed. Pan oedd yn blentyn creodd record trwy chwarae 106 o gêmau mewn tair blynedd i dîm Ysgolion Cynradd Glannau Dyfrdwy, a safodd ei record tan 1991 pan chwaraeodd Michael Owen 115 o weithiau i'r tîm. Yn fwy diweddar mae Gary wedi chwarae dros 400 o gêmau yn yr Uwch Gynghrair yn Lloegr, mwy na'r un chwaraewr arall, ac ef hefyd sy'n dal y record fel y chwaraewr allanol sydd â'r nifer mwyaf o gapiau dros Gymru.

Cafodd Gary Andrew Speed ei eni ym Mancot, Glannau Dyfrdwy ar Fedi 8fed, 1969, yn un o ddau o blant. Gweithiai ei dad mewn ffatri gwrtaith ac roedd ei fam yn trin gwallt. Roedd Gary yn hoff o chwarae pêl-droed pan oedd yn blentyn, ac roedd ei dad yn ddylanwad mawr arno yn hynny o beth. Bu tad Gary yn chwarae'r gêm ar lefel led-broffesiynol i glybiau Wolves a Wrecsam, ac roedd yn awyddus iawn i gefnogi ac annog ei fab.

Mynychodd Gary Ysgol Gynradd Queensferry ac Ysgol Uwchradd Penarlâg, a chwaraeodd bêl-droed yn rheolaidd i dimau'r ysgolion hyn. Yn ogystal â bod yn bêl-droediwr roedd Gary hefyd yn gricedwr da, a chafodd ei ddewis i gynrychioli tîm Cymru dan 15 oed. Ar un adeg roedd gan Gary rownd bapur newydd yn ardal Glannau Dyfrdwy, oedd yn cynnwys cartref Kevin Ratcliffe, un arall o arwyr pêl-droed Sir y Fflint.

Roedd Gary yn aelod pwysig o dîm llwyddiannus Ysgolion Cynradd Glannau Dyfrdwy, a chyn hir cafodd ei weld gan sgowt o Ddinas Manceinion. Bu'n hyfforddi wedyn ym Maine Road am dair blynedd nes iddo gael ei weld yn chwarae i dîm Sir y Fflint gan sgowt o Leeds United. Ymunodd â Leeds tra oedd yn fachgen ysgol a symudodd i fyw yno ar ôl gadael yr ysgol yn 16 oed.

Buan iawn y datblygodd doniau Gary Speed fel pêl-droediwr canol cae, a chyn hir roedd wedi hawlio'i le yn nhîm cyntaf Leeds United. Yn bêl-droediwr troed-chwith naturiol, o'i ddyddiau cynnar roedd Gary wedi meddu ar gyflymder, gallu pasio da, ergydio nerthol, a chryfder neilltuol yn yr awyr. Yn ystod tymor 1989/90 chwaraeodd ran bwysig wrth i'w glwb ennill Pencampwriaeth yr Ail Adran, ac ym Mai 1990 enillodd ei gap gyntaf dros Gymru, mewn gêm yn erbyn Costa Rica.

Yn eu tymor cyntaf yn ôl yn yr Adran Gyntaf gorffennodd Leeds United yn drydydd, ac roedd hi'n amlwg bod y rheolwr Howard Wilkinson wedi creu tîm da, yn cynnwys chwaraewyr talentog iawn fel Gordon Strachan a Gary McAllister. Y tymor canlynol (1991/92) enillodd tîm Howard Wilkinson y Bencampwriaeth, ac er nad oedd ond yn 22 oed ar y pryd, derbyniodd Gary Speed fedal enillwyr y Bencampwriaeth. Mae Speed ei hun wedi cydnabod y rhan bwysig a chwaraeodd unigolion profiadol fel Howard Wilkinson a Gordon Strachan yn ei ddatblygiad cynnar fel chwaraewr, ac roedd Strachan yn arbennig yn fentor gwych i'r Cymro ifanc. Yn ôl nifer o wybodusion pêl-droed, roedd llwyddiant Leeds wrth ennill y Bencampwriaeth i'w briodoli i'r chwaraewyr canol cae, sef Batty, Strachan, Speed a McAllister.

Ym Mehefin 1996 penderfynodd Gary adael Elland Road ac arwyddo i'r clwb roedd o wedi'i gefnogi pan yn blentyn, sef Everton. Nid oedd unrhyw ddrwgdeimlad rhyngddo a Leeds United, ond yn syml iawn roedd Gary yn teimlo bod angen iddo symud i glwb arall er mwyn ymgymryd â her newydd. Ar y dechrau setlodd yn dda yn Everton, a llwyddodd i sgorio yn ei gêm gyntaf, yn erbyn Newcastle United, ar Awst 17eg 1996. Ar ddiwedd ei dymor cyntaf yn Everton fe'i dewiswyd yn Chwaraewr y Flwyddyn, ac roedd hi'n ymddangos fel pe bai dyfodol disglair o'i flaen yno.

Yn anffodus, nid felly y bu, ac wrth i'r sïon gynyddu fod Gary yn anhapus ei fyd yn Everton, dechreuodd clybiau eraill ddangos diddordeb ynddo. Yn Chwefror 1998, lai na dwy flynedd ar ôl iddo ymuno ag Everton, gadawodd Gary y clwb ac ymuno â Newcastle United am £5,500,000. Yn dilyn cytundeb 'peidio â datguddio', ni allai Gary esbonio'r hyn oedd wedi digwydd iddo yn Everton.

Chwaraeodd Gary Speed ei gêm gyntaf dros Newcastle United yn erbyn West Ham United yn Chwefror 1998. Er iddo gael ei arwyddo gan Kenny Dalglish, cyn hir roedd yn rhaid i Gary brofi ei allu i reolwr newydd, Ruud Gullit, wrth i Kenny Dalglish adael y clwb. Er i'r dyn o'r Iseldiroedd adael Gary allan o'r tîm pan gymerodd yr awenau, cyn hir penderfynodd ei gynnwys yn y tîm cyntaf. Serch hynny, ni lwyddodd Gullit i greu tîm llwyddiannus ym Mharc St. James, ac nid oedd yn syndod mawr pan adawodd y clwb.

Bobby Robson oedd rheolwr nesaf Newcastle, ac o'r cychwyn cyntaf creodd proffesiynoldeb ac agwedd weithgar Gary Speed gryn argraff arno. Aeth Gary ymlaen i fwynhau cyfnod llwyddiannus dan ofal cyn-reolwr Lloegr, ac yn Chwefror 2004 chwaraeodd ei 400fed gêm yn yr Uwch Gynghrair wrth i'w dîm guro Leicester City o 3 gôl i 1 ym Mharc St. James. Y fo, felly, sy'n dal y record fel y pêl-droediwr sydd wedi chwarae'r nifer fwyaf o gêmau yn yr Uwch Gynghrair.

Yn ystod tymor 2003/04 dechreuodd Gary Speed fwy o gêmau i Newcastle United na'r un chwaraewr allanol arall, er gwaetha'r ffaith ei fod yn 34 oed ac yn un o bêl-droedwyr hynaf y clwb! Heb os, mae'r ffaith fod Gary yn ymarfer yn galed iawn ac yn bwyta'n iach yn helpu ei ffitrwydd, ac yn ogystal â hynny mae'n cael gwersi Yoga i helpu ystwythder ei gorff.

Er iddo ymgartrefu'n dda yn ninas Newcastle efo'i wraig, Louise, a'u dau fab, yng Ngorffennaf 2004 cafodd Gary ei ryddhau, braidd yn annisgwyl, gan y clwb, a chafodd ei arwyddo gan Bolton Wanderers. Roedd y ffaith fod Bolton yn fodlon talu £750,000 a chynnig cytundeb dwy flynedd i chwaraewr 35 oed yn brawf digamsyniol o allu ac enw da Gary Speed. Adeg y trosglwyddiad honnodd Sam Allardice, rheolwr Bolton, ei fod wedi cael bargen wrth arwyddo Gary Speed, ac roedd Speed yntau'n edrych ymlaen at yr her newydd.

Ar y lefel ryngwladol bu Gary Speed yn ffigwr allweddol yn natblygiad tîm cenedlaethol Cymru. Enillodd y gŵr o Benarlâg gyfanswm o 85 o gapiau, a bu'n gapten ar ei wlad dros gyfnod hir o amser. Fel nifer o gapteniaid eraill Cymru o'i flaen, dioddefodd Gary dor-calon wrth weld ei dîm yn boddi wrth ymyl y lan yn yr ymdrech i gymhwyso ar gyfer twrnament mawr, ond parhaodd i ysbrydoli ei gyd-chwaraewyr â'i agwedd bositif.

Yn dilyn gêm olaf Mark Hughes fel rheolwr Cymru yn erbyn Gwlad Pwyl ar Hydref 13eg 2004, penderfynodd Gary Speed ymddeol fel chwaraewr rhyngwladol, gan ddweud:

> 'Dwi wedi gorffen. Dyna fo. Mae'r amser yn iawn. Mae'n edrych yn anodd iawn i ni gymhwyso rŵan ac mi fyddai'n anghywir i mi barhau. Mae'n bryd penodi rhywun ifancach ar gyfer yr ymgyrch nesa. Dwi wedi cael gyrfa wych ac wedi mwynhau bob munud.' (9)

Adeg ymadawiad Mark Hughes fel rheolwr Cymru yn Hydref 2004 cysylltwyd Gary Speed â'r swydd, ond cyfaddefodd nad oedd yn teimlo'n ddigon profiadol ar y pryd i ymgymryd â her o'r fath.

Mae proffesiynoldeb a ffitrwydd Gary Speed yn ystod ei yrfa faith yn esiampl wych i chwaraewyr ifanc, a gall y Cymro o Benarlâg ymfalchïo yn ei gampau ar y meysydd pêl-droed. Ni fyddai'n syndod gweld Gary'n camu i'r maes hyfforddi neu reoli ar ôl iddo ymddeol fel chwaraewr. Heb os, mae o'n meddu ar y gallu a'r profiad i gyflawni gwaith o'r fath yn llwyddiannus. A beth am Gary Speed fel rheolwr posib tîm Cymru yn y dyfodol? Amser a ddengys . . .

Roy Vernon

Ganed Roy Vernon yn Ffynnongroyw, ger Mostyn, ar Ebrill 14eg 1937, yr unig fab mewn teulu o bump o blant. Mynychodd yr ysgol gynradd leol yn Ffynnongroyw cyn symud ymlaen i Ysgol Ramadeg y Rhyl. Ar ôl chwarae i dîm yr ysgol yn y Rhyl cafodd Roy ei ddewis i chwarae i dîm ysgolion Sir y Fflint a thîm ieuenctid Mostyn YMCA, cyn symud ymlaen i chwarae i dîm llawn Mostyn YMCA.

Fel yn achos Mike England, cafodd Roy ei argymell i Blackburn Rovers gan Elfed Ellis, ac er i Everton ddangos diddordeb ynddo, penderfynodd Roy Vernon dderbyn cynnig John Carey, rheolwr Blackburn. Arwyddodd i Blackburn ym 1955 ar delerau amatur, ac yn dilyn cyfnod o Wasanaeth Cenedlaethol, dechreuodd y Cymro ar ei yrfa fel pêl-droediwr proffesiynol.

Cyn hir daeth cryfderau Roy Vernon i'r amlwg. O'i safle fel 'Inside Forward' llwyddai'r Cymro i sgorio llawer o goliau yn y cwrt cosbi. Er yn denau'n gorfforol, roedd Roy yn dwyllodrus o gryf, ac yn ogystal â hynny roedd o'n gallu rhedeg yn gelfydd efo'r bêl. Pan fo rhywun yn ystyried y ffaith fod Roy Vernon hefyd yn meddu ar gyflymder ac yn gallu ergydio'n galed iawn, mae darlun o chwaraewr hynod alluog yn dod i'r meddwl.

Mwynhaodd bum mlynedd dda gyda Blackburn Rovers, gan lwyddo i sgorio 49 o goliau mewn 131 o gêmau cynghrair. Yn ystod y cyfnod hwnnw byddai Ethel, chwaer Roy, yn mynd i wylio'i brawd yn chwarae pêl-droed.

'Roedd fy mam a minnau'n arfer mynd i wylio Roy yn aml pan oedd o'n chwarae i Blackburn. Roedd fy mam yn arbennig yn awyddus iawn i'w gefnogi. Erbyn iddo gael ei drosglwyddo i Everton roedd bws yn llawn cefnogwyr yn arfer teithio yno o bentref Ffynnongroyw.'

Ym mis Chwefror 1960 symudodd Roy i Everton lle'r ailymunodd â'i gyn-reolwr o Blackburn, John Carey. Talodd Everton £27,000 i Blackburn amdano, ac fel rhan o'r fargen symudodd Eddie Thomas i'r clwb o Sir Gaerhirfryn. Chwaraeodd Roy ei gêm gyntaf dros Everton ar Chwefror 13eg 1960, ac er na lwyddodd i sgorio yn y gêm honno, rhwydodd y Cymro saith gwaith yn ei bedair gêm nesaf! Yn ystod y blynyddoedd nesaf blodeuodd Roy Vernon fel chwaraewr, a mwynhaodd yrfa ar Barc Goodison sydd wedi'i wneud yn un o enwau chwedlonol Clwb Pêl-droed Everton hyd heddiw.

O'i safle fel 'Inside Forward' roedd Roy yn hoff iawn o ddefnyddio'i gyflymder i gyrraedd y cwrt cosbi a sgorio goliau. Yn ystod pum mlynedd hynod lwyddiannus yn chwarae i Everton, sgoriodd 110 o goliau, ac mae'r Cymro yn un o ddim ond chwech o chwaraewyr i sgorio dros gant o goliau i'r clwb. Datblygodd bartneriaeth arbennig gyda'i gyd-chwaraewr Alex Young, a daeth penllanw'r bartneriaeth honno ym 1963 pan enillodd Everton Bencampwriaeth yr Adran Gyntaf.

Yn ogystal â bod yn gapten y tîm y tymor hwnnw, seliodd Roy Vernon y Bencampwriaeth i Everton trwy sgorio tair gôl yn y gêm olaf yn erbyn Fulham. Erbyn diwedd y tymor bythgofiadwy hwnnw roedd wedi sgorio 24 o goliau cynghrair, yn cynnwys wyth gôl yn y saith gêm olaf, ac er iddo briodoli llwyddiant y tîm i allu'r rheolwr, Harry Catterick, nid oes amheuaeth bod Roy wedi chwarae rhan allweddol.

Roedd gallu Roy Vernon i gymryd ciciau o'r smotyn yn ddiarhebol o fewn y byd pêl-droed, fel yr eglura newyddiadurwr chwaraeon y *Daily Post*, Len Capeling:

'Dwi hefyd yn cofio, oni bai bod fy nghof yn pallu, mai dim ond un gic o'r smotyn a fethodd Vernon, a honno yn erbyn Bill Brown o Spurs.

Mae'n bosibl bod cic o'r smotyn wedi ei chymryd ddwy waith yn erbyn Leeds United yng Nghwpan FA Lloegr rywbryd, ond ar wahân i hynny roedd o'n un o'r goreuon erioed wrth gymryd ciciau o'r smotyn.' (10)

Yn ystod ei bedwar tymor llawn yn chwarae i Everton, Roy Vernon oedd prif sgoriwr y tîm bob tro, ond er gwaetha'r ffaith honno nid oedd ei gyfnod ym Mharc Goodison yn fêl i gyd. Roedd Roy yn gymeriad cryf iawn oedd yn barod i leisio'i farn, a bu llawer o anghydweld rhyngddo fo a rheolwr Everton, Harry Catterick. Penderfynodd Catterick benodi Vernon yn gapten y clwb, yn rhannol er mwyn ceisio'i ddofi, ac er i'r penderfyniad hwnnw brofi'n llwyddiant, nid oedd yn hawdd i'r ddau gydweithio â'i gilydd. Ar ôl chwarae 176 o gêmau cynghrair dros Everton, penderfynodd Roy Vernon symud ymlaen, ac ym mis Mawrth 1965 ymunodd â Stoke City am ffi o £40,000.

Ar ôl mwynhau cyfnod mor llwyddiannus fel chwaraewr yn Everton, roedd hi'n anodd i Roy efelychu'i gampau i'r un graddau eto ond, er gwaethaf hynny, cafodd gyfnod cynhyrchiol iawn yn chwarae i Stoke City. Chwaraeodd 87 o gêmau cynghrair dros y clwb, gan sgorio 22 o goliau. Gorffennodd Roy Vernon ei yrfa broffesiynol ar fenthyg yn Halifax Town ac ym 1970 penderfynodd symud i Dde'r Affrig am gyfnod i chwarae i Capetown F.C. Ar ôl dychwelyd adref bu'n chwarae i ambell dîm amatur cyn rhoi'r gorau i'r gêm yn gyfan gwbl.

Ar ôl ymddeol fel chwaraewr symudodd Roy yn ôl i Blackburn i helpu ei wraig Norma i redeg busnes henebion ei theulu. Ganed iddynt dri o feibion, ond yn ddiddorol iawn nid aeth yr un ohonynt ymlaen i fod yn bêl-droedwyr. Yn dilyn clefyd ar yr ysgyfaint a barodd am rai misoedd, bu farw Roy Vernon yn Rhagfyr 1993, yn 56 oed.

Mae Norma Vernon a'i meibion yn dal i fyw yn ardal Blackburn heddiw, tra bod chwiorydd Roy a'u teuluoedd yn dal i fyw yn ardal Sir y Fflint. Mae un chwaer, Ethel, bellach yn byw ym mhentref Carmel ger Treffynnon, ac mae ei geiriau hi yn crisialu balchder y teulu yn yr hyn a gyflawnodd Roy:

'Mae pob un ohonom yn falch o Roy a'r hyn a gyflawnodd fel pêl-droediwr. Mae ganddon ni lyfr lloffion yn llawn toriadau papurau

newydd yn olrhain ei yrfa, ac mae rhai eitemau'n mynd yn ôl i'w gyfnod fel chwaraewr Blackburn. Dwi'n ei gofio'n mynd i Sweden ym 1958 i chwarae i Gymru yn rowndiau terfynol Cwpan y Byd, ac roedd y teulu cyfan yn hynod falch ei fod wedi cael ei ddewis.'

Erbyn heddiw mae'r byd pêl-droed proffesiynol yn cael ei reoli'n llwyr gan arian, ac ymddengys weithiau nad oes lle i gymeriadau unigryw o fewn y gêm. Does dim amheuaeth bod Roy Vernon yn gymeriad mawr, ac roedd ganddo bresenoldeb arbennig ar y cae ac oddi arno. Yn ôl Len Capeling, gohebydd y *Daily Post*:

'Roy Vernon fydd un o'r rhai cyntaf i fynd trwy ddrysau oriel anfarwolion Everton, ynghyd â Billy Dean, T.G. Jones, Alex Young a Bobby Collins.' (10)

Ar y llwyfan rhyngwladol enillodd Roy Vernon 32 o gapiau i Gymru, a chwaraeodd ei gêm gyntaf dros ei wlad yn erbyn Gogledd Iwerddon ym 1957. Y flwyddyn ganlynol roedd Roy yn rhan o'r garfan chwedlonol a lwyddodd i gyrraedd rowndiau terfynol Cwpan y Byd yn Sweden, a chwaraeodd yn y gêm yn erbyn Sweden. Tra oedd yn chwarae i Gymru dangosai Roy yr un penderfyniad a chyflymder â'r hyn a'i gwnaeth yn gymaint o lwyddiant fel chwaraewr clwb, a llwyddodd i sgorio wyth gôl dros ei wlad. Enillodd ei gap olaf mewn gêm yn erbyn Lloegr ym 1968.

Ar ôl marwolaeth Roy Vernon cynhaliwyd munud o dawelwch cyn gêmau Blackburn ac Everton, a thalwyd llu o deyrngedau iddo yn y wasg. Ymhlith y goreuon oedd geiriau Len Capeling yn y *Daily Post*:

'Roy Vernon. Mae'r enw'n dal i yrru ias o gyffro i lawr yr asgwrn cefn. Mi fydd unrhyw un a'i gwelodd yn gwisgo'r crys glas yn y 1960au cynnar yn gwybod y rheswm pam fod cymaint o barch tuag ato. Ef oedd y pêl-droediwr perffaith. Cydbwysedd, cyflymder, dawn, rheolaeth o dan bwysau – roedd y cyfan ganddo.' (10)

Ymosodwyr

Ron Davies

Heb os nac oni bai, Ron Davies a'm sbardunodd i ysgrifennu llyfr am bêl-droedwyr Sir y Fflint. Yn ôl ym 1997 cefais fy mhenodi'n athro yn Ysgol Gynradd Brynffordd, ger Treffynnon, a chael gwybod gan un o'r rhieni bod Ron Davies yn arfer bod yn ddisgybl yno. Cyn hir roedd plant fy nosbarth yn holi eu neiniau a'u teidiau am hanes Ron, a phenderfynon ni ysgrifennu ato yn ei gartref yn America. Cawsom becyn o luniau, toriadau papurau newydd a llofnodion yn ôl ganddo, ac roedd y plant wrth eu boddau.

Ond dwi ddim yn siŵr beth oedd pennaeth yr ysgol yn ei feddwl am y cyfan! Hanes y Tuduriaid oedd thema fy nosbarth ar y pryd, ond cyn hir roedd lluniau o Ron ar y byrddau, ynghyd â mapiau'n olrhain ei siwrne bêl-droed o Frynffordd i glybiau fel Caer, Luton a Southampton, ac ymlaen i'w gartref presennol yn America. Pe bai ymwelydd â'r dosbarth wedi holi'r plant beth oedd enw ail wraig Harri'r wythfed, ychydig o ymateb y byddai wedi'i gael, ond pe bai wedi'u holi beth oedd enw ail glwb pêl-droed Ron Davies, byddai'r dwylo wedi saethu i'r awyr! Yn ffodus i mi, roedd modd cyfiawnhau astudio hanes Ron Davies dan thema'r Tuduriaid. Pam hynny? Wel, ei enw llawn yw Ron Tudor Davies!

Yr hynaf o bump o blant, cafodd Ron Tudor Davies ei eni mewn bwthyn ym mhentref Brynffordd, ger Treffynnon, ar Fai 25ain 1942. Ym 1950 symudodd y teulu i 10 Rhyd-y-Mynydd yn y pentref, ac yn y tŷ cyngor hwnnw y cafodd Ron, Paul, Marlene, Yvonne a Jeanette eu magu. Roedd Ron yn bêl-droediwr brwd o oedran cynnar iawn, ac yn fachgen ifanc treuliai oriau'n ymarfer ei sgiliau ar fuarth Ysgol Gynradd Brynffordd. Yn ystod y cyfnod hwnnw, neuadd yr eglwys oedd cartref yr ysgol, a byddai'n rhaid i Ron neidio dros wal yr ysgol i'r fynwent gyfagos yn gyson er mwyn nôl ei bêl:

'Dwi'n cofio gorfod neidio'n aml dros wal yr ysgol i nôl fy mhêl o fuarth yr eglwys, gan lwyddo bob tro i godi gwrychyn Mr Roberts, y torrwr beddau! Roeddwn i mor denau a gwelw yn ystod y cyfnod hwnnw, mae'n bosibl ei fod yn credu fy mod yn un o'r meirw yn cerdded! Hwyrach mai dyna'r rheswm pam y gollyngai'i raw mewn braw pan welai o fi!'

Ond nid Ron oedd unig aelod ei deulu a wirionai ar bêl-droed. Roedd ei frawd ifancach, Paul, hefyd yn bêl-droediwr da, ac aeth ymlaen i chwarae'r gêm yn broffesiynol i Charlton Athletic, gan wneud 57 o ymddangosiadau rhwng 1972 ac 1975. Yn wir, oni bai am gyfres o anafiadau a lesteiriodd ei yrfa, mae'n bosibl y byddai yntau wedi mwynhau llwyddiant tebyg i'w frawd. Roedd chwaer ifancaf y teulu, Jeanette, hefyd yn hoff iawn o bêl-droed, ac yn ystod cyfnod pan nad oedd llawer o ferched yn chwarae'r gêm, câi Jeanette ei dewis yn aml i dîm pêl-droed yr ysgol gynradd.

Ond serch diddordeb cyffredinol teulu'r Davies mewn pêl-droed, Ron oedd y cyntaf i ddenu sylw'r sgowtiaid lleol. Sgowt o glwb pêl-droed Caer oedd y cyntaf i sylwi ar ei botensial, ac ar ôl gwylio'r llanc 13 oed yn sgorio chwe gôl mewn gêm i dîm y pentref, estynnodd wahoddiad i Ron i ymarfer efo Caer. Er hynny, roedd Ron yn llawer rhy ifanc i arwyddo i'r clwb, a bu'n rhaid i dîm Caer aros nes ei fod yn 17 oed cyn sicrhau ei lofnod fel chwaraewr proffesiynol.

Erbyn hynny roedd Ron Davies dros chwe throedfedd o daldra ac yn dechrau datblygu i fod yn ymosodwr cryf, yn arbennig felly yn yr awyr. Ar ôl cyrraedd Caer, gwnaeth Ron lawer o waith ymarfer efo Bill Lambton, cyn-hyfforddwr ffitrwydd yn y fyddin, oedd bellach yn gweithio i'r clwb pêl-droed. Yn ystod y sesiynau ymarfer hynny bu'n rhaid i Ron wisgo esgidiau trwm y fyddin a neidio dros glwydi:

'Roedd yn waith caled a blinedig, ond yn syth ar ôl i mi dynnu'r esgidiau trwm hynny roeddwn i'n teimlo mor ysgafn ar fy nhraed – bron fel y gallwn neidio dros y lleuad! Rydw i'n ddiolchgar iawn i Bill a'i hyfforddiant am ddatblygu fy nhechneg neidio a'm gallu i benio.'

Dechreuodd Ron chwarae i Gaer yn y Bedwaredd Adran ym 1959/60, ac aeth ymlaen i sgorio 51 o goliau. Mae sawl person yn ardal Treffynnon yn cofio gweld Ron yn chwarae i Gaer yn ystod y cyfnod hwnnw, a phob un ohonynt yn tystio i'w allu cynyddol fel peniwr pêl. Er bod Ron yn dal i ddysgu ei grefft fel ymosodwr, perfformiai'n dda iawn i Gaer, a doedd hi ddim yn syndod pan fethodd y clwb o'r Bedwaredd Adran â dal ei afael ar y Cymro ifanc.

Yn Hydref 1962 cafodd ei arwyddo gan Luton Town o'r Ail Adran am £10,000. Yn ystod tymor llwyddiannus dros ben ar Ffordd Kenilworth, rhwydodd Ron 21 o weithiau mewn 32 gêm, a hynny tra oedd yn chwarae i dîm gwael a ddisgynnodd i'r Drydedd Adran ar ddiwedd y tymor. Unwaith eto roedd campau Ron ar y cae wedi denu sylw clybiau eraill, a doedd dim dewis gan Luton ond ei werthu. Ym 1963 ymunodd â Norwich City o'r Ail Adran am £35,000.

Erbyn hyn roedd hi'n amlwg i bawb fod Ron Davies yn sgoriwr goliau greddfol, a châi amddiffynwyr broblemau mawr yn ceisio'i atal, yn arbennig felly yn yr awyr. Ar ôl sgorio 66 o goliau mewn dim ond tri thymor i Norwich City, roedd hi'n anochel y byddai Ron Davies yn symud unwaith eto, ac ym 1966 penderfynodd Ted Bates, rheolwr Southampton, ei brynu am £55,000. O'r diwedd, ar ôl treulio nifer o flynyddoedd yn yr adrannau is, roedd Ron wedi gwireddu breuddwyd ei blentyndod o chwarae pêl-droed yn yr Adran Gyntaf – ac roedd yn benderfynol o wneud yn fawr o'i gyfle.

Weithiau, wrth gwrs, mae ymosodwyr pêl-droed yn gallu sgorio'n helaeth yn yr adrannau is, ond yn methu ag ailadrodd eu campau ar y lefel uchaf. Nid felly Ron Davies. Yn ystod tymor cyntaf syfrdanol ar y Dell, llwyddodd i sgorio 43 o goliau, 38 ohonynt yn y gynghrair, ac ef oedd prif sgoriwr yr Adran Gyntaf. Sgoriodd mewn deg gêm yn olynol yn ystod y tymor anhygoel hwnnw, ac erbyn diwedd y tymor enillodd Ron yr 'Esgid Aur', sef gwobr a gâi ei dyfarnu i'r ymosodwr gorau yng ngwledydd Prydain.

Os oedd amddiffynwyr yr Adran Gyntaf wedi gobeithio na fyddai Ron Davies yr un mor effeithiol yn ystod ei ail dymor, roedd cryn siom yn eu disgwyl! Yn ystod tymor 1967/68 sgoriodd 28 o goliau i'w wneud yn gydradd gyntaf yn rhestr y prif sgorwyr, a rhannodd y wobr efo neb llai na George Best. O ganlyniad, enillodd Ron wobr yr 'Esgid Aur' am yr ail flwyddyn yn olynol.

'Roedd ennill yr "Esgid Aur" am ddwy flynedd yn olynol yn wefr fawr,' meddai. *'Roedd hi'n anrhydedd i gael fy ystyried fel yr ymosodwr gorau yng Nghymru, Lloegr, yr Alban a Gogledd Iwerddon.'*

Roedd hi'n amlwg bod dull chwarae Southampton o groesi'r bêl yn gyflym tuag at Ron yn y cwrt cosbi yn ei siwtio i'r dim, ac roedd yn ei elfen yn cyd-chwarae â phêl-droedwyr o safon fel Terry Paine a John Sydenham.

Ar Awst 16eg 1969 daeth awr fawr Ron Davies. Old Trafford oedd y lleoliad, cartref y tîm byd-enwog, Manchester United, a'r stadiwm sydd bellach yn cael ei galw yn 'Y Theatr Breuddwydion'. Mewn gêm fythgofiadwy i gefnogwyr Southampton, derbyniodd Manchester United grasfa y diwrnod hwnnw, o bedair gôl i un! Un chwaraewr sgoriodd bedair gôl yr ymwelwyr, sef, wrth gwrs, Ron Davies. Wedi'r gêm honno roedd y gohebyddion pêl-droed yn disgrifio'r Cymro mawr fel yr ymosodwr gorau yn Ewrop, a derbyniodd Ron ganmoliaeth uchel gan reolwr Manchester United ar y pryd, Syr Matt Busby.

'Mae pêl-droed wedi rhoi llawer o wefrau i fi yn fy mywyd,' meddai Ron. *'Un o'r rhai mwyaf oedd sgorio pedair gôl yn erbyn Manchester United ar gae Old Trafford yn Awst 1969, a'r wasg yn cyfeirio ata i y diwrnod wedyn fel yr ymosodwr gorau yn Ewrop.'*

Yn ogystal â mwynhau llwyddiant ar lefel clwb i Southampton, enillodd Ron Davies 29 o gapiau dros Gymru. Yn wir, sgoriodd ar ei ymddangosiad cyntaf i'w wlad mewn gêm yn erbyn Gogledd Iwerddon yn Abertawe ym 1964, ac aeth ymlaen i sgorio wyth gôl arall, yn cynnwys un oddi cartref ym Mrasil. Ym marn Ron ei hun, un o'r goliau gorau a sgoriodd erioed oedd y peniad 'bwled' a rwydodd tra oedd yn chwarae i Gymru yn erbyn yr Alban ar y Cae Ras yn Wrecsam.

Doedd neb balchach na Ron o gael cynrychioli ei wlad, a rhoddai gant y cant bob tro y gwisgai'r crys coch.

'Rydw i wedi mwynhau llawer o brofiadau gwych fel pêl-droediwr, ond y wefr fwyaf ydi cael y cyfle i chwarae i'ch gwlad,' meddai. *'Chwareais i bron 30 o gêmau i Gymru, ac mae gen i atgofion arbennig o bob gêm. Chwarae i'ch gwlad ydi breuddwyd pob pêl-droediwr.'*

Yn ogystal â meddu ar dalent ar y cae pêl-droed, roedd gan Ron ddiddordeb arbennig oddi ar y cae hefyd, sef tynnu lluniau *'caricature'*. Roedd wrth ei fodd yn astudio lluniau o bobl ac yna geisio eu hail-greu ar ffurf cartŵn. Yn wir, ar un adeg bu Ron yn darlunio'i gyd-chwaraewyr yng Nghlwb Pêl-droed Southampton ar gyfer cyfres o gardiau a gafodd eu cynnwys yn rhad ac am ddim efo'r papur lleol, y *Sports Echo*. Roedd ganddo gryn ddawn yn y maes hwn, a phrofodd y gyfres yn boblogaidd iawn.

Mwynhaodd Ron Davies saith tymor hapus ar y Dell, a does dim amheuaeth mai ei gyfnod efo Southampton oedd yr un mwyaf llwyddiannus iddo. Roedd Ron wedi sgorio 134 o goliau cynghrair dros Southampton, roedd o wedi dod yn arwr i gefnogwyr y clwb, ac wedi ennill y rhan fwyaf o'i gapiau rhyngwladol tra oedd yn chwarae i'r 'Saints'. Serch hynny, ym 1973, ac yntau dros ei 30 oed, daeth yn bryd i Ron symud unwaith eto, ac ymunodd â Portsmouth yn yr Ail Adran am £38,000. Er iddo sgorio deunaw o goliau cynghrair dros ei glwb newydd, cyn hir roedd o'n symud eto, y tro hwn i Manchester United, wrth iddo gyfnewid lle â George Graham.

Erbyn iddo gyrraedd y clwb y bu'n ei gefnogi yn ystod ei blentyndod, roedd hi'n 1974 a Ron yn nesáu at ddiwedd ei yrfa. Oherwydd hynny, dim ond nifer fechan o ymddangosiadau fel eilydd a gafodd y Cymro i dîm Manchester United. Pe bai Ron wedi ymuno â'r clwb bum mlynedd yn gynharach mae'n bur debyg y byddai wedi mwynhau llwyddiant ac, o bosibl, wedi ennill tlysau. Ond nid felly oedd hi i fod. Byr iawn fu arhosiad Ron yn Old Trafford, ac ar ôl gadael Manchester United chwaraeodd am dymor yn Ne'r Affrig i dîm o'r enw Arcadia Shepherds, gan sgorio 30 o goliau. Ar ôl hynny, ym 1975, dychwelodd i orffen ei yrfa broffesiynol ym Mhrydain efo Millwall yn y Drydedd Adran.

Ond nid dyna ddiwedd stori Ron Davies. Yn ystod y saith degau roedd pêl-droed yn dechrau ennill poblogrwydd yn yr Unol Daleithiau, yn arbennig felly yn sgil sefydlu'r 'North America Soccer League', ac roedd nifer o chwaraewyr yn gadael Prydain i chwarae yn y gynghrair. Ym 1977, diolch i argymhelliad gan George Best, cafodd Ron gynnig cytundeb efo'r clwb o America, LA Aztecs. Cafodd lwyddiant am flwyddyn yno, cyn symud ymlaen i Seattle lle y chwaraeodd yn safle'r 'sgubwr' yn yr un tîm â hogyn arall o ardal Treffynnon, Mike England.

Aros yn America fu hanes Ron Davies wedyn. Cyfarfu â'i ail

wraig, Chris, yn California a symudodd y ddau i Casselberry, Florida, ar gyrion Orlando. Roedd yr hinsawdd a'r ffordd o fyw yn Orlando wrth fodd calon Ron, ac am gyfnod bu'n parhau ei gysylltiad â'r gêm yn rhinwedd ei swydd fel hyfforddwr pêl-droed. Trist, serch hynny, oedd darllen pwt o adroddiad papur newydd y *Daily Telegraph* ym mis Medi 2003 yn nodi bod Ron bellach yn ddigartref ac yn byw mewn lloches yn New Mecsico.

Wrth edrych yn ôl dros yrfa Ron Davies, does dim amheuaeth mai ei ddawn i benio'r bêl sy'n aros yn y cof. Mae'r ffaith fod Ron wedi sgorio 275 o goliau cynghrair, llawer ohonyn nhw â'i ben, yn dystiolaeth bendant ei fod yn sgoriwr goliau toreithiog. Wrth gloriannu gyrfa Ron heddiw, mae'n debyg mai'r siom fwyaf ddaeth i'w ran oedd y ffaith na chafodd chwarae mewn rownd derfynol cwpan, nac ychwaith ennill medal pencampwriaeth. Er i Southampton fwynhau cyfnod da yn yr Adran Gyntaf pan oedd Ron yno, doedd y tîm ddim yn ddigon cryf i ennill cwpanau. Unwaith yn unig y cafodd Ron Davies y cyfle i chwarae ar gae Wembley, a hynny pan oedd yn chwarae i Gymru yn erbyn Lloegr.

Serch hynny, mae campau aruthrol Ron Davies yn fwy na digon iddo hawlio'i le fel un o bêl-droedwyr gorau Sir y Fflint. Er nad oes ganddo lawer o deulu ar ôl yn ardal Treffynnon erbyn heddiw, mae llawer o bentrefwyr Brynffordd yn dal i gofio Ron ag anwyldeb a chryn falchder. Mae nifer ohonyn nhw'n ei gofio yn dychwelyd i Frynffordd ar sawl achlysur cyn iddo ymfudo i America, a phan geisiodd yr ysgol gynradd leol gysylltu â fo drwy lythyr tua diwedd y naw degau, cawsant lond parsel o ddeunydd yn ôl o Florida yn cynnwys llofnodion, lluniau ac adroddiadau papurau newydd.

Erbyn heddiw mae un o'r lluniau hynny wedi'i fframio ar wal cyntedd yr ysgol, ac mae'r plant a'r staff yn ymfalchïo yn y ffaith fod un o gewri pêl-droed Sir y Fflint a Chymru yn un o gyn-ddisgyblion Ysgol Brynffordd. Mae Ron ei hun hefyd yn falch bod ei lun ar wal yr ysgol, fel mae'n nodi mewn llythyr i'r staff a'r plant:

'Mae'n hyfryd meddwl bod pobl yn dal i'm cofio yn ôl ym Mrynffordd ar ôl yr holl flynyddoedd hyn. Mi fydda i'n hoffi dwyn i gof fy nyddiau ysgol ym Mrynffordd a'r holl oriau a dreuliais yn ymarfer chwarae pêl-droed ar fuarth yr ysgol. Rydw i'n cynnwys lluniau efo'r llythyr

hwn, gan obeithio eu bod yn addas. Rydw i'n teimlo'n gyffrous iawn wrth feddwl bod llun ohonof yn mynd i fyny ar wal yr ysgol. Dyna anrhydedd yn wir!'

Credaf i'r plant oedd yn fy nosbarth pan oeddem yn astudio hanes Ron elwa'n fawr o'r profiad. Bu'r holl brosiect yn fodd iddyn nhw wella'u sgiliau ymchwil, darllen ac ysgrifennu. Roedd y ffaith eu bod yn dysgu am rywun a hanai o'r un pentref â hwy yn gwneud yr holl hanes yn berthnasol ac yn gyffrous. Yn ôl rhai addysgwyr, mae plant yn dysgu orau pan maen nhw'n defnyddio'u hemosiynau ac yn cysylltu â'r pwnc a gaiff ei astudio – gwelais dystiolaeth o hynny wrth i blant Blwyddyn 5/6 fy nosbarth ymchwilio i hanes Ron Davies. Yn wir, gwelais ferch oedd yn fy nosbarth yn ystod y cyfnod hwnnw yn ddiweddar, ac er ei bod bellach yn y chweched dosbarth yn yr ysgol uwchradd, roedd hi'n dal i allu dweud wrthyf sawl gôl a sgoriodd Ron yn ystod tymor 1966/67, a sawl cap a enillodd dros Gymru!

John Lyons

O'r holl chwaraewyr o Sir y Fflint y cloriennir eu cyfraniad i'r byd pêl-droed yn y gwaith hwn, nid oes amheuaeth mai hanes John Lyons yw'r un tristaf. Mae gen i gof plentyn o wylio John Lyons yn chwarae i Wrecsam tua diwedd y 1970au, ac fe'i cofiaf fel ymosodwr ifanc cyffrous oedd â'r gallu i sgorio goliau gwych. Fe'm syfrdanwyd rai blynyddoedd yn ddiweddarach pan glywais y newyddion annisgwyl bod John wedi cyflawni hunanladdiad yn ei gartref yn Colchester, ac yntau ond yn 26 oed. Roedd yn chwaraewr gyda Colchester United ar y pryd, a dim ond deuddydd cyn iddo farw roedd o wedi chwarae i'r tîm mewn gêm gynghrair.

Brodor o Fwcle oedd John Lyons, ac fe'i ganwyd ar Dachwedd 8fed 1956. Gwireddodd John ei freuddwyd trwy ymuno â'i hoff dîm, Wrecsam, yn syth o'r ysgol, a gweithiodd ei ffordd drwy dimau ieuenctid y clwb cyn chwarae i'r tîm cyntaf yn erbyn

Peterborough ym 1975. Sgoriodd yn y gêm honno, ond yn ystod y ddau dymor nesaf tueddai i gael ei ddewis fel eilydd.

Ym mis Mawrth 1978 cafodd John Lyons gyfle i ddangos ei allu fel ymosodwr wrth i ffefryn y cefnogwyr, Dixie McNeil, golli ei le yn y tîm oherwydd anaf. Perfformiodd John yn dda tan ddiwedd y tymor pan enillodd Wrecsam ddyrchafiad i'r Ail Adran am y tro cyntaf yn hanes y clwb. Yn ogystal â hynny, sgoriodd John Lyons gôl yn y fuddugoliaeth yn rownd derfynol Cwpan Cymru yn erbyn Bangor.

Un oedd yn chwarae yn yr un tîm â John Lyons yn Wrecsam yw cyn-gôl-geidwad Cymru, Dai Davies.

'Roedd John yn byw ym Mwcle a finnau yn yr Wyddgrug yr adeg hynny, felly roedden ni'n arfer rhannu lifft i'r Cae Ras,' meddai. *'Ro'n i'n chwaraewr profiadol ar y pryd oedd wedi dod i Wrecsam o Everton, tra bod John yn hogyn ifanc ar gychwyn ei yrfa. Ond er gwaetha'r gwahaniaeth oedran fe ddaethom yn ffrindiau ac roedd John wastad yn berson clên iawn.'*

Heb os nac oni bai, 1978/79 oedd tymor mawr John Lyons fel chwaraewr i dîm Wrecsam. Ymddangosodd 39 o weithiau i'r tîm y tymor hwnnw, gan orffen yn brif sgoriwr gyda 15 o goliau. Y fo sgoriodd gôl gyntaf Wrecsam fel tîm Ail Adran, a chiciodd 'hat-trick' cofiadwy iawn yn y fuddugoliaeth hynod gyffrous yn erbyn West Ham. Mae Dai Davies yn cofio gallu John Lyons fel chwaraewr i Wrecsam:

'Roedd John yn berson galluog iawn, ac roedd e'n meddwl yn ofalus am beth oedd e'n wneud ar y cae pêl-droed,' meddai. *'Roedd e'n gyflym dros ben wrth redeg at amddiffynwyr, ac rwy'n cofio Kenny Sansom, cefnwr rhyngwladol Lloegr, yn cael amser caled ofnadwy yn erbyn John yn ystod gêm gwpan. Roedd Sansom yn gefnwr o'r safon uchaf, ond fe roiodd John fraw iddo fe wrth redeg ato gyda'r bêl. Rwy hefyd yn cofio John yn sgorio gôl yn erbyn Lerpwl ar y Cae Ras mewn gêm Gwpan y Gynghrair yn ystod tymor 1977/78.'*

Ar sail perfformiadau trawiadol John yn ystod tymor 1978/79 cafodd ei arwyddo gan Millwall am £50,000 ym 1979. Mwynhaodd gyfnod llwyddiannus gyda Millwall, gan sgorio 20 o goliau mewn

55 o gêmau cynghrair yn ystod ei amser yno. Serch hynny, penderfynodd Millwall ei werthu i Cambridge United, yn Hydref 1980, am £90,000. Ar ôl treulio llai na dwy flynedd gyda Cambridge United, symudodd John i'w glwb olaf, Colchester United, ym 1982. Chwaraeodd y Cymro 33 o gêmau cynghrair dros Colchester a llwyddodd i sgorio naw o goliau.

'Roedd John y math o chwaraewr oedd naill ai'n gwneud rhywbeth arbennig, ac yn sgorio goliau gwych, neu ddim yn cyflawni,' meddai Dai Davies. 'Roedd e'n gallu sgorio goliau spectacular, ond doedd e ddim bob tro'n sgorio'r rhai hawdd. Weithie roedd hi'n anodd iddo fe ennill lle rheolaidd yn y tîm pan oedd e'n chwarae i Wrecsam.'

Roedd marwolaeth annhymig John Lyons yn sioc i bawb, a daeth llawer o bobl enwog o'r byd pêl-droed i Fwcle ar gyfer ei angladd. Fel hyn yr adroddwyd y newyddion am ei farwolaeth i gefnogwyr Millwall:

'Torrodd newyddion trist yn ystod yr wythnos pan glywsom am hunanladdiad trasig cyn-ymosodwr Millwall, John Lyons. Roedd John, a oedd wedi gadael Millwall dair blynedd yn ôl, yn dioddef o iselder ysbryd, a chrogodd ei hun yn ei gartref yn Colchester. Llwyddodd cefnogwyr Millwall oedd yn teithio ar fysiau i Wigan godi £122 i'r teulu.' (11)

Wrth edrych yn ôl heddiw, mae Dai Davies yn cofio John Lyons y person a'r pêl-droediwr, â chryn anwyldeb.

'Roedd John yn hogyn deallus iawn. Roedd e'n feddyliwr craff, ac roedd hi'n amlwg ei fod yn berson dwfn,' meddai. 'Roedd e'n barod iawn ei gymwynas, ac rwy'n ei gofio fe un tro yn dod yng nghwmni Eddie Niedzwiecki a Wayne Cegielski i'm helpu i godi gyrder newydd ar fy nhŷ yn yr Wyddgrug. Roedd e hefyd yn bêl-droediwr o safon uchel iawn.'

Yn ddiweddar mae Dai wedi clywed am hanes brawd John Lyons, sydd hefyd yn berson galluog.

'Dim ond yn ddiweddar rwy wedi dod i wybod am frawd John. Mae e'n hogyn talentog hefyd, ond mewn maes gwahanol. Mae e wedi bod yn gweithio mas yn Awstralia fel person sy'n helpu i wella perfformiadau pobl. Mae'n amlwg bod y teulu yn un talentog.'

Mae Dave Smallman, cyn bêl-droediwr arall i dîm Wrecsam a hanai o Sir y Fflint, hefyd yn cofio John Lyons.

'Roedd John yn ymosodwr ifanc yn Wrecsam pan oeddwn i'n chwarae yno,' meddai. 'Rydw i'n ei gofio fo'n iawn ac roedd o'n hogyn annwyl.'

Weithiau mae tuedd ymysg rhai cefnogwyr i gymryd pêl-droed llawer gormod o ddifrif. Heb os, mae hanes trasig John Lyons yn ein hatgoffa i gyd mai gêm yn unig yw pêl-droed, a bod llawer iawn o bethau pwysicach mewn bywyd.

Michael Owen

Cafodd Michael James Owen ei eni ar Ragfyr 14eg 1979 yng Nghaer, y pedwerydd mewn teulu o bump o blant. Maged Michael ym Mhenarlâg, a mynychodd Ysgol Gynradd Rector Drew cyn symud ymlaen i Ysgol Uwchradd Penarlâg. Pan oedd yn blentyn ifanc arferai chwarae pêl-droed yn yr ardd gefn gyda'i dad a'i ddau frawd, Terry ac Andrew, ac un flwyddyn cafodd grys pêl-droed Everton yn anrheg!

Nid oes amheuaeth bod pêl-droed yng ngwaed Michael Owen, ac o oedran cynnar iawn roedd yn awyddus i ddilyn ôl troed ei dad a chwarae'r gêm yn broffesiynol. Roedd Terry Owen, tad Michael, yn bêl-droediwr da; chwaraeodd i Everton, Bradford City, Caer, Cambridge United, Rochdale a Port Vale, gan chwarae yn agos i 300 o gêmau cynghrair a sgorio 70 o goliau.

Pan oedd Michael yn saith oed penderfynodd ei dad fynd ag o i glwb lleol yn yr Wyddgrug, Mold Alex, ac ar ôl dechrau fel eilydd i'r tîm dan 10 oed buan iawn y dangosodd Michael ei ddoniau sgorio. Sgoriodd Michael Owen 34 o weithiau yn ystod ei dymor cyntaf, a hynny mewn dim ond 28 o gêmau. Cyn hir roedd o wedi denu sylw hyfforddwyr tîm Ysgolion Cynradd Glannau Dyfrdwy, a thra oedd yn chwarae i'r tîm hwnnw ym 1990/91 torrodd Michael record Ian Rush am sgorio'r nifer mwyaf o goliau i'r tîm mewn tymor. 92 o goliau oedd cyfanswm syfrdanol Michael Owen i Ysgolion Cynradd Glannau Dyfrdwy y tymor hwnnw, ac o hynny ymlaen fe ddaeth yn amlwg iawn fod dyfodol disglair o'i flaen fel pêl-droediwr.

Cyn hir roedd llu o glybiau pêl-droed yn awyddus i arwyddo Michael Owen, ond er gwaethaf cynigion gan, ymhlith eraill, Everton, Arsenal a Tottenham, dewisodd Michael fynd i Lerpwl, clwb roedd o eisoes wedi dechrau mynd iddo i dderbyn hyfforddiant. Cyn iddo ymuno â Lerpwl ceisiodd Syr Alex Ferguson ei ddenu i Old Trafford, ac aeth rheolwr Manchester United mor bell â gofyn yn bersonol i Michael arwyddo i'r clwb.

Parhaodd Michael Owen i sgorio llond trol o goliau i dimau ieuenctid Lerpwl, a daeth ei berfformiadau i sylw hyfforddwyr FA Lloegr. O ganlyniad i hynny cafodd ei wahodd i ymuno ag Ysgol Rhagoriaeth y Gymdeithas yn Lilleshall, a chyn hir roedd yn chwarae i dimau ieuenctid Lloegr. Ym 1995/96 torrodd Michael record Lloegr trwy sgorio 12 gôl i'r tîm ysgolion, ac ym 1996 sgoriodd 11 gôl mewn 5 gêm i helpu Lerpwl i ennill Cwpan Ieuenctid FA Lloegr am y tro cyntaf yn hanes y clwb.

Dathlodd Michael ei ben-blwydd yn 17 oed yn Rhagfyr 1996 trwy arwyddo i Lerpwl fel chwaraewr proffesiynol llawn, a lai na chwe mis yn ddiweddarach gwnaeth ei ymddangosiad cyntaf i'r clwb. Ar Fai 6ed 1997 rhedodd Michael Owen i'r cae fel eilydd yn y gêm yn erbyn Wimbledon, ac er i Lerpwl golli'r gêm o 2 gôl i 1, llwyddodd yr hogyn o Sir y Fflint i sgorio yn ei gêm gyntaf. Y tymor canlynol penderfynodd Roy Evans, rheolwr Lerpwl, ddewis Michael Owen yn amlach i'r tîm cyntaf, a mwynhaodd yr ymosodwr ifanc dymor bythgofiadwy.

Mae'n anodd meddwl am bêl-droediwr arall sydd wedi creu cymaint o argraff yn ei dymor llawn cyntaf. Erbyn diwedd 1997/98 Michael oedd yn gydradd gyntaf ar frig y siart sgorio ar gyfer yr Uwch Gynghrair gyda 18 o goliau; ef oedd y chwaraewr ifancaf i chwarae i Loegr, y chwaraewr ifancaf i sgorio i Loegr (yn erbyn Morocco) a'r chwaraewr ifancaf i sgorio i Loegr yn rowndiau terfynol Cwpan y Byd (yn erbyn Romania). Ar Fehefin 30ain 1998 yn y gêm Cwpan y Byd yn erbyn yr Ariannin, sgoriodd Michael Owen gôl anhygoel trwy redeg at ddau amddiffynnwr, eu curo, ac yno ergydio'n galed i ben ucha'r rhwyd. Er i Loegr golli'r gêm honno ar giciau o'r smotyn a gorfod ffarwelio â'r twrnament, dychwelodd Michael Owen adref i Benarlâg yn arwr ac yn un o sêr y gystadleuaeth.

Parhaodd Michael Owen i fwynhau llwyddiant mawr ym 1998/99, ac yn ogystal ag ennill gwobr yr 'Esgid Aur' am yr ail dro yn olynol (rhannodd y wobr gyda Dwight Yorke a Jimmy Floyd Hasselbaink y tro hwn), dewiswyd Michael fel Personoliaeth Chwaraeon y Flwyddyn. Roedd 2001 yn flwyddyn gofiadwy arall i Michael ar lefel clwb a rhyngwladol. Enillodd Lerpwl dair cwpan y flwyddyn honno, a Michael oedd yn gyfrifol am sicrhau un ohonynt, Cwpan FA Lloegr, trwy sgorio'r goliau yn y fuddugoliaeth o 2 gôl i 1 yn erbyn Arsenal yn Stadiwm y Mileniwm. Wedyn, ar Fedi 1af, sgoriodd dair gôl i Loegr mewn gêm gymhwyso Cwpan y Byd yn erbyn yr Almaen ym Munich, wrth i Loegr ennill o 5 gôl i 1. Ar ddiwedd 2001 dewiswyd Michael Owen yn Chwaraewr y Flwyddyn yn Ewrop, camp a gyflawnodd eto y flwyddyn ganlynol.

Ond er gwaetha'r holl lwyddiant a chyfoeth sydd wedi dod i'w ran, bu Michael Owen yn ddigon bodlon aros yn ardal ei fagwraeth yn Sir y Fflint. Mae Michael wedi prynu datblygiad o dai ar gyfer ei deulu ym Mhenarlâg, ac mae o ei hun wedi prynu tŷ mawr yn Sychdyn, ger yr Wyddgrug. Mae Louise, cariad Michael o'u dyddiau yn Ysgol Gynradd Rector Drew, bellach yn wraig iddo, ac mae'r ddau yn rhieni i ferch fach, Gemma.

Yn 2002 cafodd Michael y cyfle i chwarae eto yn rowndiau terfynol Cwpan y Byd, a'r tro hwn sgoriodd ddwy gôl yn ystod y twrnament. Y flwyddyn ganlynol sgoriodd Michael yn rownd derfynol Cwpan Worthington wrth i Lerpwl fwynhau buddugoliaeth o 2 gôl i 0 yn erbyn eu hen elynion, Manchester United. Erbyn hyn mae Michael Owen wedi sgorio dros 150 o goliau i Lerpwl a thros 20 i Loegr, ac wedi curo record Ian Rush fel prif sgoriwr Lerpwl yn Ewrop. Diau y byddai Michael wedi mynd ymlaen i herio rhai o recordiau sgorio eraill Ian Rush pe na bai wedi gadael Lerpwl i ymuno â Real Madrid yn Sbaen.

Gydol haf 2004 bu sïon cyson bod Michael Owen â'i fryd ar ffarwelio ag Anfield er mwyn datblygu'i yrfa fel pêl-droediwr trwy chwarae i un o glybiau'r cyfandir. Yn Awst 2004 cynigiodd Real

Madrid £8 miliwn am yr hogyn o Sir y Fflint, a gan mai llai na blwyddyn oedd ganddo ar ôl ar ei gytundeb, cytunodd Lerpwl i'w werthu. Heb os, roedd symud i un o glybiau mawr y byd oedd yn cynnwys sêr pêl-droed fel Beckham, Raul a Ronaldo yn dipyn o gamp i Michael, ac roedd ei gyffro'n amlwg iawn wrth iddo siarad â'r wasg am y trosglwyddiad:

> '*Rydw i'n llawn cyffro wrth feddwl am yr her sydd o'm blaen,*' meddai. '*Raul, Ronaldo a Morientes ydi tri o'r ymosodwyr gorau yn y byd ac mi wn yn iawn pa mor galed bydd rhaid i mi weithio er mwyn cael cyfle fan hyn. Mi fydd cael y siawns i ymarfer efo'r tîm hwn o sêr yn fy ngwella fel pêl-droediwr ac fel person. Mae'n her ffantastig.*' (12)

Does dim amheuaeth bod Michael wedi dod yn bell iawn ers ei ddyddiau cynnar fel bachgen yn chwarae i dîm Ysgolion Sir y Fflint. Mae o, heb os, yn perthyn i'r un traddodiad pêl-droed yn Sir y Fflint â'r un sydd wedi meithrin chwaraewyr fel Gary Speed, Ian Rush, Kevin Ratcliffe ac eraill, a chadwodd mewn cysylltiad ar hyd y blynyddoedd â rhai o'r hyfforddwyr hynny o'r sir a'i helpodd yn ei ddyddiau cynnar.

Yn anffodus i Gymru, fel rhywun a aned yn Lloegr i rieni o Saeson, nid oedd Michael erioed yn gymwys i gynrychioli Cymru fel chwaraewr rhyngwladol, ac mae Michael wedi ystyried ei hun yn Sais erioed. Ond roedd o, serch hynny, wedi byw yn Sir y Fflint ar hyd ei fywyd hyd nes iddo symud i Real Madrid, ac mae o wedi cydnabod ei ddyled i'r rhan fawr a chwaraeodd y sir yn ei ddatblygiad cynnar fel pêl-droediwr.

Yn Awst 2005 penderfynodd Michael Owen ddychwelyd o Real Madrid ac arwyddodd i Newcastle United am gost o £17 miliwn.

Ian Rush

Go brin bod modd gwneud cyfiawnder â champau pêl-droed 'Rushie' mewn pennod fer fel hon. Nid oes amheuaeth bod Ian Rush yn enw chwedlonol yn y byd pêl-droed, ac mae'r ffaith ei fod yn dal y record hyd heddiw fel prif sgoriwr Lerpwl a Chymru yn arwydd o'i allu a'i lwyddiant. Yn ystod wyth degau'r ganrif ddiwethaf roedd enw Ian Rush yn gyfystyr â Chymru, a lle bynnag y byddai rhywun yn mynd yn Ewrop roedd pawb yn gwybod am y sgoriwr goliau toreithiog. Heb os nac oni bai, llwyddodd Ian Rush i roi enw ei wlad ar fap y byd pêl-droed.

Ganwyd Ian James Rush ar Hydref 20fed 1961 yn ysbyty Llanelwy. Cafodd ei fagu yn y Fflint yn un o ddeg o blant (yn cynnwys saith o fechgyn), ac roedd ei dad yn weithiwr dur yn Shotton. Roedd y brodyr Rush yn hoff iawn o chwarae pêl-droed pan yn blant, a daeth potensial Ian i'r amlwg wrth iddo chwarae i dîm ei ysgol gynradd leol yn y Fflint. Cyn hir daeth enw Ian Rush i sylw hyfforddwyr tîm Ysgolion Cynradd Glannau Dyfrdwy, ac wrth chwarae i'r tîm hwnnw ym 1972/73 creodd record trwy sgorio 74 o goliau mewn tymor. Ar ôl hynny cafodd ei ddewis i dimau ysgolion Sir y Fflint, Gogledd Cymru a Chymru.

Yn fuan wedyn arwyddodd Ian ar delerau bachgen ysgol i glwb Dinas Caer, ac ym Medi 1979 dechreuodd ar ei yrfa fel pêl-droediwr proffesiynol. Un tymor yn unig barodd Ian yng Nghaer! Ar ddiwedd y tymor hwnnw roedd o wedi sgorio 14 o goliau mewn 34 o gêmau ac roedd y clybiau mawr yn awyddus i'w arwyddo. Hyd yn oed yn ystod y cyfnod hwnnw roedd gallu sgorio greddfol Ian Rush yn nodwedd amlwg, ac ym Mai 1980 talodd Bob Paisley, rheolwr Lerpwl, £300,000 amdano, oedd yn record ar y pryd ar gyfer chwaraewr yn ei arddegau.

Os oedd Ian wedi disgwyl camu'n syth i dîm cyntaf Lerpwl, cafodd ei siomi, a threuliodd y rhan fwyaf o'i dymor cyntaf yn yr ail dîm. Mewn gwirionedd, ychydig o argraff a greodd y Cymro pan gyrhaeddodd Anfield, ac roedd amddiffynnwr Lerpwl, Alan Hansen, o'r farn na allai'r Cymro benio'r bêl na sgorio, a chredai na fyddai Rush yn para'n hir yn y clwb!

Chwaraeodd Ian Rush ei gêm gyntaf dros Lerpwl yn Rhagfyr 1980 fel eilydd yn erbyn Ipswich Town, ond bu'n rhaid iddo aros tan y tymor canlynol cyn ei sefydlu ei hun yn y tîm cyntaf. Sgoriodd ei gôl gyntaf ar Fedi 30ain 1981 mewn gêm yn erbyn tîm o'r Ffindir o'r enw Oulu Palloseura, ac o'r foment honno ymlaen newidiodd Ian Rush o fod yn chwaraewr ifanc drud, anhapus, oedd eisiau gadael Lerpwl, i fod yn beiriant sgorio goliau.

Cyn hir dechreuodd 'Rushie' ffurfio partneriaeth hynod ffrwythlon gyda'r Albanwr, Kenny Dalglish, a gorffennodd dymor 1981/82 fel prif sgoriwr Lerpwl wrth i'r tîm ennill y Bencampwriaeth. Yn ogystal â hynny, sgoriodd yn rownd derfynol y 'Milk Cup' (Cwpan y Gynghrair) yn y fuddugoliaeth yn erbyn Tottenham. Y tymor canlynol oedd tymor olaf Bob Paisley fel rheolwr Lerpwl, ac enillodd y tîm y Bencampwriaeth a Chwpan y Gynghrair. Mwynhaodd Ian Rush dymor hynod lwyddiannus, gan sgorio 24 o goliau mewn dim ond 34 o gêmau cynghrair. Erbyn hyn roedd y peiriant goliau o'r Fflint yn ffefryn ymhlith cefnogwyr y 'Kop', a'i gyflymder a'i gysondeb o flaen y gôl yn ei wneud yn beryg bywyd i amddiffynwyr.

Enillodd Lerpwl y Bencampwriaeth eto ym 1984, ac ychwanegodd Ian Rush fedal enillwyr Cwpan Ewrop at ei gasgliad yn yr un flwyddyn wrth i'w dîm guro AS Roma ar giciau o'r smotyn. Roedd cyfraniad Rush i lwyddiant Lerpwl yng Nghwpan Ewrop y flwyddyn honno yn allweddol, a sgoriodd goliau pwysig yn y gêmau yn erbyn Athletic Bilbao a Dinamo Bucharest. Sgoriodd Rush gyfanswm anhygoel o 47 o goliau y tymor hwnnw, ac enillodd yr 'Esgid Aur' fel prif sgoriwr Ewrop. Yn ogystal â hynny, cafodd ei enwi'n Chwaraewr y Flwyddyn gan ei gyd-chwaraewyr proffesiynol a chan y gohebyddion pêl-droed. Tipyn o gamp!

Ym 1986 enillodd Lerpwl y 'dwbl', sef Pencampwriaeth yr Adran Gyntaf a Chwpan FA Lloegr, ac roedd y fuddugoliaeth yn erbyn Everton yn Wembley yn arbennig o gofiadwy i Rush wrth iddo sgorio dwy gôl.

'Roedd yn ddiwrnod gwych i mi. Fy nghyfle cynta i chwarae yn rownd derfynol Cwpan FA Lloegr, a hynny yn erbyn Everton. Mae'n dal i aros yn y cof hyd heddiw,' meddai. (13a)

I gefnogwyr Everton mae Ian Rush yn enw y mae'n well ganddynt ei anghofio! Sgoriodd Ian gyfanswm o 25 o goliau mewn gêmau *'derby'* rhwng Lerpwl ac Everton, ac mae o'n dal y record fel y prif sgoriwr mewn gêmau rhwng y ddau glwb. Sgoriodd 'Rushie' bedair gôl yn erbyn Everton ym Mharc Goodison ar Dachwedd 6ed 1982, a rhwydodd ddwywaith yn eu herbyn yn rownd derfynol Cwpan FA Lloegr ym 1989. O, ie. A pha glwb pêl-droed roedd Ian

Rush yn ei gefnogi pan oedd o'n blentyn? Wel, Everton wrth gwrs!

Yng Ngorffennaf 1986 arwyddodd Ian Rush i Juventus am £3.2 miliwn, ond oherwydd bod y clwb o'r Eidal eisoes â'i ddogn llawn o chwaraewyr tramor, cafodd 'Rushie' un tymor ychwanegol yn chwarae i Lerpwl. Symudodd i Juventus ym 1987, ond yn anffodus nid oedd ei gyfnod yno yn un arbennig o lwyddiannus. Rhaid dweud bod Ian wedi ymuno â Juventus ar adeg pan nad oedd y tîm yn perfformio'n dda, ac yn absenoldeb Michel Platini yng nghanol y cae, doedd neb arall ar gael i greu'r cyfleoedd sgorio i Ian Rush.

Cafodd y Cymro wybod cymaint y mae pêl-droed yn ei olygu i'r Eidalwyr, ac roedd disgwyliadau uchel a phwysau mawr ar ei ysgwyddau bob tro roedd o'n chwarae. Un tymor yn unig a barodd Ian yn yr Eidal, ond erbyn heddiw mae o ei hun yn credu iddo elwa o'r profiad o chwarae yno.

'Roeddwn i ychydig yn anlwcus nad oedd Platini yn dal i chwarae. Ond eto i gyd, mi wnes i sgorio 14 gôl a dysgais lawer am fywyd a phobl. Mi ddes yn ôl yn chwaraewr gwell ar ôl bod yn yr Eidal.' (13b)

Erbyn heddiw mae pawb yn cofio sylw honedig Ian Rush bod byw yn yr Eidal fel byw 'mewn gwlad dramor', a does dim amheuaeth i'r gŵr o dre'r Fflint ei chael hi'n anodd setlo yno. Yn ôl gwraig Ian, Tracy Rush, roedd hi'n anodd i'w gŵr ddod i arfer â bod yn ganolbwynt sylw o hyd yn yr Eidal, a hynny oherwydd y ffaith ei fod yn berson swil.

'Problem Ian ydi ei fod yn berson swil a dydi o ddim yn un i frolio. Yn Lerpwl maen nhw'n osgoi creu delwedd "seren", ond yn yr Eidal mae pethau'n wahanol. Yn fanno mae'r pêl-droedwyr efo'r clybiau mawr yn mwynhau'r pethau sy'n dod yn sgil bod yn enwog – a'r holl sylw a'r cyhoeddusrwydd.' (14)

Yn ystod haf 1988 dychwelodd Ian Rush i Lerpwl am ffi o £2.8 miliwn, ac aeth ymlaen i fwynhau rhagor o lwyddiant yn ystod ei ail gyfnod gyda'r clwb. Daeth i'r cae fel eilydd yn rownd derfynol Cwpan FA Lloegr ym 1989 a llwyddodd i dorri calonnau cefnogwyr Everton eto trwy sgorio dwy gôl. Ym 1990 roedd Ian yn rhan bwysig o'r tîm o Anfield a enillodd y Bencampwriaeth, ac ym

1992 sgoriodd unwaith eto yn rownd derfynol Cwpan FA Lloegr, y tro hwn heibio i bêl-droediwr arall o Sir y Fflint, Tony Norman, wrth i Lerpwl guro Sunderland o 2 gôl i 0.

Erbyn 1996 roedd hi'n amlwg bod gyrfa Ian Rush yn Anfield yn dirwyn i ben, a phenderfynodd adael Lerpwl ac ymuno â Leeds United. Cafodd ei ddewis fel chwaraewr canol cae yn aml gan reolwr newydd Leeds, George Graham, ac nid oedd syndod felly mai dim ond 3 gôl sgoriodd Ian mewn 34 o gêmau. Ar ôl un tymor yn unig penderfynodd ailymuno â Kenny Dalglish oedd bellach yn rheoli Newcastle United, ond fe'i cafodd hi bron yn amhosibl ennill ei le yn y tîm, ac yn dilyn cyfnod ar fenthyg yn Sheffield United, penderfynodd Ian orffen ei yrfa broffesiynol gyda Wrecsam yn yr Ail Adran.

Arhosodd gyda Wrecsam am un tymor (1998/99), ond methodd â dod o hyd i'r rhwyd mewn 12 o gêmau. Ar ôl hynny bu 'Rushie' yn chwarae i dîm o'r enw Sydney Olympic yn Awstralia cyn penderfynu dychwelyd adref i hyfforddi pêl-droedwyr ifanc y dyfodol yn ei 'Finishing Schools'. Yn 2003 dychwelodd Ian Rush i Anfield i hyfforddi blaenwyr Lerpwl, ond ar ddechrau tymor 2004/05 derbyniodd swydd fel rheolwr Clwb Pêl-droed Caer.

Mewn ffordd, wrth ddychwelyd i Gaer roedd Ian Rush yn mynd yn ôl at ei wreiddiau ac at y clwb lle y dechreuodd ei yrfa fel pêl-droediwr proffesiynol. Wrth siarad â gohebydd y *Daily Post* adeg ei apwyntiad, roedd cyffro Ian Rush yn amlwg:

> '*Bu Dinas Caer yn agos at fy nghalon erioed,*' meddai. '*Dwi wedi dysgu llawer am hyfforddi yn ystod y blynyddoedd diweddaf, yn arbennig felly wrth dreulio amser efo Gerard Houllier yn Lerpwl. Dwi wedi cael cynnig pedair neu bump o swyddi rheoli yn ystod y cyfnod diweddar, ond rŵan dwi'n teimlo bod yr amser yn iawn i mi fentro.*' (15)

Yn anffodus, byrhoedlog oedd arhosiad Ian Rush fel rheolwr Clwb Pêl-droed Caer, ac ymadawodd â'r clwb rai wythnosau'n unig cyn diwedd tymor 2004/05.

Ar y lefel ryngwladol nid oes amheuaeth bod Ian Rush wedi sicrhau statws chwedlonol iddo ef ei hun. Ar ôl chwarae ei gêm gyntaf i Gymru fel eilydd yn erbyn yr Alban ym Mai 1980, aeth ymlaen i ennill 73 o gapiau. Llwyddodd Ian i sgorio 28 o goliau dros ei wlad, cyfanswm a gurodd hen record Ivor Allchurch a'i wneud yn brif sgoriwr Cymru.

Sgoriodd 'Rushie' lawer o goliau cofiadwy i Gymru, ond mae'r gôl a gurodd yr Almaen ar Fehefin 5ed 1991 yng Nghaerdydd yn un o uchafbwyntiau'r tîm cenedlaethol. Pwy all anghofio pàs Paul Bodin, rhediad Ian Rush, a'r ergyd isel i gefn y rhwyd? Heb os, llwyddodd y gôl honno i godi ysbryd cenedl gyfan, ac roedd cael bod yn bresennol yn y gêm y noson honno'n brofiad emosiynol iawn.

Fel y soniwyd ar y cychwyn, mae'n amhosibl gwneud cyfiawnder â chyfraniad Ian Rush i'r byd pêl-droed mewn pennod fer fel hon. Mae'r ffaith ei fod yn dal cynifer o recordiau sgorio hyd heddiw yn dystiolaeth o'i fawredd, ac mae'n anodd gweld neb yn gwella ar ei gampau canlynol yn y dyfodol agos:

- Prif sgoriwr yn hanes clwb Lerpwl – 346 gôl.
- Prif sgoriwr Cwpan FA Lloegr ers y rhyfel – 44 gôl.
- Prif sgoriwr mewn rowndiau terfynol Cwpan FA Lloegr – 5 gôl.
- Yn rhannu'r record fel brif sgoriwr Cwpan y Gynghrair gyda Geoff Hurst – 49 gôl.
- Prif sgoriwr gêmau *'derby'* rhwng Everton a Lerpwl – 25 gôl.
- Prif sgoriwr Cymru – 28 gôl.

Yn ogystal â hynny, enillodd Ian Rush y medalau enillwyr canlynol:

- Pencampwriaeth yr Adran Gyntaf – 1982, 1983, 1984, 1986 a 1990.
- Cwpan FA Lloegr – 1986, 1989 a 1992.
- Cwpan y Gynghrair – 1981, 1982, 1983, 1984 a 1995.
- Cwpan Ewrop – 1984.

Enillodd Ian wobr Chwaraewr y Flwyddyn ddwy waith, ac mae'n bosibl y byddai wedi sgorio llawer mwy o goliau yn Ewrop oni bai am y ffaith i glybiau o Loegr gael eu gwahardd rhag cystadlu yn dilyn y drychineb ofnadwy yn Stadiwm Heysel ym 1985.

Roedd Ian yn aelod o'r tîm oedd i fod i wynebu Nottingham Forest yn Hillsborough ym 1989 cyn y drychineb honno, ac nid oes amheuaeth bod y digwyddiad hwnnw, ynghyd â'r hyn a ddigwyddodd yn Stadiwm Heysel, wedi cael effaith arno fel person. Erbyn heddiw mae Ian wedi derbyn MBE yn gydnabyddiaeth am yr hyn a gyflawnodd fel pêl-droediwr, anrhydedd mae'n ei llawn haeddu.

Gall Ian Rush hefyd ymfalchïo yn y ffaith bod cystadleuaeth bêl-droed wedi'i henwi ar ei ôl ar un adeg. Sefydlwyd y gystadleuaeth ar gyfer plant a phobl ifanc yn Aberystwyth gan Dr Iain Skewis ym 1984, a hyd at yn gymharol ddiweddar *The Ian Rush Tournament* oedd ei theitl. Ar hyd y blynyddoedd mae'r gystadleuaeth wedi denu timau o wledydd fel Brasil, yr Almaen a Mecsico, yn ogystal ag o wledydd Prydain ac Iwerddon.

Chwaraeodd Michael Owen yn y gystadleuaeth am bedair blynedd yn olynol, ac mae pêl-droedwyr enwog eraill fel Steven Gerrard, Robbie Fowler, Shay Given ac Andriy Shevchenko hefyd wedi cymryd rhan. Bu Schevchenko'n chwarae yn y gystadleuaeth pan oedd yn 14 oed; fe'i dewiswyd yn bêl-droediwr gorau'r gystadleuaeth, ac enillodd bâr o esgidiau pêl-droed Ian Rush fel gwobr! Yn ôl y gŵr o'r Wcrain, roedd Ian Rush yn gymaint o arwr iddo fel y bu iddo wisgo'r esgidiau hynny nes bod tyllau ynddyn nhw! Dewiswyd Shevchenko fel Pêl-droediwr Gorau Ewrop yn 2004, ac mae'n debyg bod ganddo bâr newydd o esgidiau erbyn hynny!

Yn ystod Gorffennaf 2005 roedd 190 o dimau o blant a phobl ifanc rhwng 7 ac 19 oed o bob cwr o'r byd yn cymryd rhan yn y gystadleuaeth yn Aberystwyth, sydd bellach yn dwyn y teitl Twrnament Pêl-droed Rhyngwladol Cymru. Roedd llu o sgowtiaid o glybiau proffesiynol yno'n gwylio'r digwyddiad.

Chwaraewr pêl-droed gonest, gweithgar a hynod dalentog oedd Ian Rush. Yn ogystal â bod yn sgoriwr goliau naturiol, roedd yn barod iawn i weithio'n galed ar ran ei gyd-chwaraewyr, ac roedd ei bresenoldeb ar y cae yn ddraenen barhaus yn ystlys ei wrthwynebwyr. Mae o, heb unrhyw amheuaeth, yn un o wir gewri'r gêm, a gall Sir y Fflint ymfalchïo yn y ffaith ei bod wedi meithrin y fath bêl-droediwr. Erbyn heddiw mae Ian yn byw yng Nghilgwri, ond mae'r rhan fwyaf o'i deulu mawr yn dal i fyw yn ardal y Fflint.

Mae Gary Linekar, cyn-ymosodwr llwyddiannus arall, yn crynhoi cryfderau Ian Rush i'r dim:

> '*Roedd o'n ddychrynllyd o siarp yn ei anterth. Roedd o wastad yn gallu rheoli'i hun wrth dderbyn cyfle; doedd o byth yn gor-gyffroi, byth ar frys.*' (13c)

David Smallman

Fel plentyn oedd yn arfer mynd i wylio Wrecsam yng nghwmni fy nhad a 'mrawd yn ystod y saith degau, mae gen i ddau atgof byw o Dave Smallman. Y cyntaf oedd y ffaith iddo stopio i gael sgwrs efo fi a 'mrawd a llofnodi ein rhaglenni y tu allan i'r cae ryw dro, a'r ail yw'r atgof o'i weld yn cael ei daro'n anymwybodol wrth sgorio i Gymru yn erbyn Gogledd Iwerddon mewn gêm ar y Cae Ras. Pat Jennings oedd yn y gôl i Ogledd Iwerddon y diwrnod hwnnw, ac wrth iddo redeg allan i geisio atal Smallman rhag ergydio bu gwrthdrawiad rhwng y ddau, a'r Cymro ddaeth allan ohoni waethaf!

Flynyddoedd lawer yn ddiweddarach des i wyneb yn wyneb efo Dave Smallman ar y cae criced! Chwarae i Glwb Criced Carmel roeddwn i ac roedd Dave yn batio i Brymbo. Yn wir, roeddwn i'n dal i ddod i delerau â'r sioc a'r wefr fy mod ar yr un cae ag un o'm harwyr pêl-droed, pan glywais floedd o 'daliwch hi!' gan ein capten. A minnau'n dal i hel atgofion am Dave Smallman y pêl-droediwr, wnes i ddim sylwi bod Dave Smallman y cricedwr wedi taro'r bêl yn yr awyr. Afraid dweud mai methiant i ddal y bêl oedd fy hanes, ac aeth Dave ymlaen i sgorio dros hanner cant o rediadau!

Cafodd Dave Smallman ei eni yng Nghei Connah ar Fawrth 22ain 1953. Roedd ganddo un brawd ac un chwaer a mynychodd Ysgol Gynradd Custom House Lane, Ysgol Penarlâg ac Ysgol Uwchradd Glannau Dyfrdwy. Gwirionai ar bêl-droed pan oedd yn fachgen ifanc, fel mae o ei hun yn egluro:

> '*Bod yn bêl-droediwr proffesiynol oedd fy uchelgais erioed. Roeddwn i'n arfer cefnogi Tottenham Hotspur pan yn blentyn, ac er na fyddwn yn cael y siawns i fynd i wylio'r tîm, byddwn yn gwrando allan am eu canlyniadau. Pan oeddwn i'n blentyn Jimmy Greaves oedd fy arwr, a sgorio goliau fel fo oedd fy uchelgais.*'

Cyn hir roedd Dave yn ddigon da i gael ei ddewis i chwarae i dîm Ysgolion Glannau Dyfrdwy, ac roedd ei allu fel pêl-droediwr yn dod i sylw amryw o sgowtiaid. Tra oedd yn chwarae i'w dîm ieuenctid lleol, Shotton Westminster, cafodd Dave ei weld gan sgowt o Wrecsam, ac arwyddodd i'r clwb fel prentis ym 1969. Buan iawn y datblygodd gallu Dave fel ymosodwr, ac ym 1971 arwyddodd fel chwaraewr proffesiynol llawn i Wrecsam.

Chwaraeodd Dave Smallman ei gêm gyntaf i Wrecsan fel eilydd yn erbyn Middlesborough yng Nghwpan y Gynghrair ym Medi 1972, a chyn hir cafodd ei ddewis i chwarae'n rheolaidd. Roedd Dave yn ymosodwr cyflym a dawnus iawn, a phrofodd ei fod yn sgoriwr goliau toreithiog. Roedd o'n arbennig o effeithiol wrth weithio fel partner i Billy Ashcroft yn y llinell flaen, a bu'n ddigon ffodus i chwarae mewn tîm oedd yn cynnwys chwaraewyr da a chreadigol fel y Mickey Thomas ifanc, Graham Whittle a'r asgellwr dawnus, Brian Tinnion.

'Roedd ganddon ni dîm da yn Wrecsam ar y pryd,' meddai. *'Roedd Brian Tinnion yn gyflym iawn ar yr asgell, a Graham Whittle yn bêl-droediwr dawnus a allai fod wedi chwarae ar safon uwch.'*

Ym 1973/74 mwynhaodd Wrecsam rediad arbennig yng Nghwpan FA Lloegr a chwaraeodd Dave Smallman ran allweddol wrth i'r tîm gyrraedd rownd go-gyn-derfynol y gystadleuaeth am y tro cyntaf yn ei hanes. Sgoriodd Dave y goliau a gurodd Crystal Palace, Middlesbrough a Southampton wrth i Wrecsam ddod i sylw'r byd pêl-droed am y tro cyntaf fel *'giant killers'* y gwpan.

'Mae'r rhediad hwnnw yng Nghwpan FA Lloegr yn un o'm hatgofion gorau fel pêl-droediwr i Wrecsam,' meddai Dave. *'Roedden ni'n chwarae yn erbyn timau da o adrannau uwch, ac mi wnaethon ni'n wych i guro Middlesbrough, Southampton a Crystal Palace. I mi'n bersonol roedd hi'n wych i sgorio yn y gêmau hynny hefyd.'*

Yn ogystal â'r llwyddiant yng Nghwpan FA Lloegr, gêm arall sy'n sefyll allan yng nghof Dave yn ystod ei gyfnod ar y Cae Ras yw'r un yn erbyn Hajduk Split ym 1972 yn ail rownd Cwpan Enillwyr Cwpanau Ewrop.

'Mi guron ni Hajduk Split 3–1 gartref a sgoriais i un o'r goliau,' meddai. *'Roedd 'na awyrgylch drydanol ar y Cae Ras y noson honno, ac mi wnes i wir fwynhau'r profiad o chwarae yn Ewrop. Er i ni golli'r ail gymal o 2–0 roedd hi'n wych i gael y cyfle i chwarae yn erbyn tîm da yn Ewrop.'*

Ar ôl sgorio 51 o goliau i Wrecsam cafodd Dave Smallman ei

brynu gan Everton ym 1975 am £75,000. Gadawodd Dave y Cae Ras am Barc Goodison a'r Adran Gyntaf yn llawn gobeithion am y dyfodol. Roedd o wedi chwarae'n wych i Wrecsam yn ystod ei dri thymor llawn gyda'r clwb, ac wedi ennill tri chap dros Gymru.

Yn anffodus, nid aeth Dave Smallman ymlaen i wireddu ei botensial yn Everton oherwydd y ffaith iddo ddioddef cyfres o anafiadau. Yn ystod cyfnod o bum mlynedd yn Everton, dim ond 21 o gêmau a chwaraeodd Dave i'r tîm cyntaf, a phrofodd ei holl gyfnod yno yn siom ac yn rhwystredigaeth.

'Mi ges i amser trychinebus efo anafiadau yn Everton,' meddai Dave. *'Mi dorrais fy nghoes ddwy waith, dioddefais niwed ligament, a bu'n rhaid i mi gael llawdriniaeth ar fy ysgwydd hefyd. Treuliais bum mlynedd efo'r clwb, ond collais tua phedair blynedd o'r cyfnod hwnnw oherwydd anafiadau. Wrth edrych yn ôl ar y peth heddiw, mae'n rhaid bod fy ngyrfa bron ar ben erbyn i mi fod yn 23 neu 24 oed. Roedd o'n adeg hollol rwystredig.'*

Ym 1980 dychwelodd Dave Smallman i Wrecsam, ond methodd ag ailgydio yn ei yrfa yno a gadawodd y clwb heb chwarae'r un gêm i'r tîm cyntaf. Ar ôl hynny chwaraeodd Dave i Groesoswallt a Bangor cyn penderfynu ymfudo i Awstralia ym 1982.

'Roedd gen i ewythr oedd yn byw y tu allan i Melbourne,' meddai Dave. *'Roedd o'n gwybod am un neu ddau o glybiau oedd am i mi chwarae'n rhan-amser iddyn nhw, felly penderfynodd fy ngwraig a minnau fynd allan yno. Mi wnes i fwynhau fy hun yn Awstralia, ac er mai dim ond am gyfnod o ddwy flynedd roedden ni i fod i aros, buon ni yno am chwech. Cafodd ein plant eu geni yn Awstralia hefyd.'*

Ar ôl dychwelyd adref bu Dave yn chwarae i'r Drenewydd a Bae Colwyn cyn gorffen ei yrfa gyda Phenarlâg. Erbyn heddiw mae Dave Smallman yn byw ym Minera yn ardal Wrecsam, a hyd at 2004 roedd o'n dal i chwarae criced yn rheolaidd i Frymbo yng Nghynghrair Gogledd Cymru. Mae Dave yn gricedwr da, ac yn dal i gyfrannu'n sylweddol i'r tîm fel batiwr. Mae Dave yn dal i ymddiddori mewn pêl-droed, ac yn mynd i Farc Goodison yn achlysurol i wylio Everton.

'Dwi'n aelod o elusen o'r enw y Sefydliad Gwaed Glas,' meddai.

'Grŵp o gyn-chwaraewyr ydan ni sy'n trio codi arian i deuluoedd cyn-bêl-droedwyr sydd wedi dioddef anafiadau. Os ydan ni'n cynnal digwyddiad ym Mharc Goodison mi fydda i'n mynd i wylio Everton yn chwarae.'

Mae Dave yn dal i gofio rhai o'r cymeriadau o'i gyfnod fel chwaraewr Wrecsam, ac mae'n dal i gysylltu â rhai ohonynt.

'Dwi'n cofio Ian Moir fel un o gymeriadau mawr Wrecsam. Roedd o'n unigolyn doniol a llawen, ac yn ysgafnhau'r awyrgylch yn yr ystafell newid,' meddai. *'Roedd Billy Ashcroft yn dipyn o gymeriad ac yn ffrind mawr hefyd, ac mi rydan ni'n dal i gadw mewn cysylltiad hyd heddiw.'*

Mae'n anodd dyfalu beth fyddai hanes Dave Smallman fel pêl-droediwr pe na bai wedi dioddef yr anafiadau cas a gafodd yn Everton. Roedd o, heb os, yn chwaraewr dawnus iawn, ac oni bai am yr anafiadau mae'n bosibl y byddai wedi mynd ymlaen i fwynhau llwyddiant gydag Everton, ac wedi ychwanegu at y 7 o gapiau a enillodd i Gymru.

Cymdeithas Pêl-droed Ysgolion Cynradd Glannau Dyfrdwy/Sir y Fflint

Os oes angen tystiolaeth o gyfraniad unigryw Sir y Fflint i'r byd pêl-droed, fe'i ceir ar waliau Ysgol Gynradd Bryn Coch yn yr Wyddgrug. Mae pennaeth yr ysgol honno, Cledwyn Ashford, wedi mynd ati i greu arddangosfa barhaol yn cofnodi hanes Cymdeithas Pêl-droed Ysgolion Cynradd Glannau Dyfrdwy/Sir y Fflint. Mae'r arddangosfa'n cynnwys hen grysau chwaraewyr enwog fel Kevin Ratcliffe, Gary Speed, Barry Horne, Ian Rush a Michael Owen, lluniau lliw o wahanol dimau a chwaraewyr, a thoriadau papurau newydd yn cofnodi campau'r gwahanol bêl-droedwyr. I unrhyw un sydd â diddordeb mewn pêl-droed, mae'r arddangosfa hon yn werth ei gweld.

Sefydlwyd Cymdeithas Pêl-droed Ysgolion Cynradd Glannau Dyfrdwy ym 1966 gan Ron Bishop, dan arweiniad Bert Mothersole. Ffurfiwyd y gymdeithas er mwyn trefnu tîm o blant oedran ysgolion cynradd i gystadlu yn erbyn timau o rannau eraill o Gymru a Lloegr, ac fel mae arddangosfa Cledwyn Ashford yn ei ddangos, mae'r Gymdeithas wedi mwynhau llwyddiant aruthrol ar hyd y blynyddoedd, gan lwyddo i feithrin rhai pêl-droedwyr byd-enwog.

Gweithiodd Ron Bishop yn galed i feithrin sgiliau pêl-droedwyr ifanc yr ardal, a chafodd gymorth ar hyd y blynyddoedd gan unigolion fel Glyn Davies, Robin Lloyd Jones, Alun Evans, Cledwyn Ashford, Bryn Jones a Gwyn Lloyd Jones. Bu farw Ron Bishop yn sydyn iawn ym 1984, ond roedd pobl fel Bryn Jones a David Nickless yn benderfynol o gario ymlaen tan 1990 pan orffennodd Bryn Jones. Newidiwyd enw'r tîm i Sir y Fflint ym 1991 a bu Cledwyn Ashford, David Nickless, Gwyn Lloyd Jones, Andrew Jones a Darren Martin yn hyfforddi'r tîm. Er 1995 bu Cledwyn Ashford, David Nickless ac Andrew Jones yn hyfforddi'r tîm, ac erbyn hyn mae Jamie Tennants a Walter Brookes yn helpu hefyd.

Ar hyd y blynyddoedd mae'r timau sydd wedi chwarae dan arweiniad yr unigolion a enwir uchod wedi mwynhau llwyddiant aruthrol, a gellid ysgrifennu cyfrol gyfan yn adrodd eu hanesion. Ym 1978/79 a 1980/81 enillodd tîm Ysgolion Cynradd Glannau Dyfrdwy Ŵyl Bêl-droed Jersey, a hynny ar ôl chwarae yn erbyn rhai o dimau gorau Lloegr.

Ym 1991 cafodd enw'r Gymdeithas ei newid o Ysgolion Cynradd Glannau Dyfrdwy i Ysgolion Cynradd Sir y Fflint, ond yr un fu'r llwyddiant. Roedd tîm Ysgolion Cynradd Glannau Dyfrdwy yn bencampwyr Cymru chwe gwaith, tair gwaith yn olynol rhwng 1980 a 1983. Yn ogystal â hynny, mae tîm Glannau Dyfrdwy/Sir y Fflint wedi bod yn bencampwyr Gogledd Cymru 14 o weithiau, pencampwyr Cynghrair Swydd Caer ar yr unig ddau achlysur iddo gystadlu ynddi, ac yn fwy diweddar mae'r tîm wedi ennill tarian Tom Yeoman ym 1998, 1999, 2001 a 2003.

O safbwynt meithrin chwaraewyr proffesiynol a rhyngwladol y dyfodol, mae cyfraniad tîm Glannau Dyfrdwy/Sir y Fflint wedi bod yn hollol unigryw. Mae pêl-droedwyr rhyngwladol fel Tony Norman, Andy Holden, Ian Rush, Michael Owen, Barry Horne, Kevin Ratcliffe, Gary Speed a Danny Collins wedi chwarae i'r tîm, ac yn ogystal â'r enwau mawr hynny, mae llawer o gyn-chwaraewyr y tîm wedi mynd ymlaen i fwynhau llwyddiant ar lefel clwb. Ymysg y rhestr faith hon y mae unigolion fel Gareth Owen, Nicholas Fenton, Anthony Fenton, Mark Peters, Craig Lawton a Simon Spender. Mae'r traddodiad hwn yn parhau hyd heddiw, ac ar hyn o bryd mae un arall o gyn-chwaraewyr tîm Sir y Fflint, Ryan Shawcross, yn chwarae i un o dimau ieuenctid Manchester United fel amddiffynnwr.

Yn ystod ei dair blynedd yn chwarae i'r tîm, creodd Gary Speed record trwy chwarae 106 o weithiau, ac ym 1972/73 sgoriodd Ian Rush 74 o weithiau, oedd yn record arall. Mae recordiau, wrth gwrs, yno i'w torri, a llwyddodd Michael Owen i dorri'r ddwy trwy sgorio 92 o goliau ym 1991 a chwarae mewn cyfanswm o 115 o gêmau. Bu rhai tymhorau'n gofiadwy iawn, ac ym 1972/73, pan oedd Ian Rush yn sgorio'i holl goliau, enillodd y tîm pob un o'i 33 o gêmau, gan gipio Tarian Tom Yeoman am y tro cyntaf.

Cafodd hanner carfan 1982/83 Glannau Dyfrdwy eu harwyddo gan glybiau proffesiynol, yn cynnwys chwaraewyr fel Gareth Owen (Wrecsam) a Craig Lawton (Manchester United). Ym

1998/99 Annabelle Price o Ysgol y Bryn, Mynydd Isa, oedd y ferch gyntaf i chwarae i dîm Sir y Flint, ac fe'i dilynwyd yn 2002 gan Sara Hilton. Enillodd y ddwy fedalau enillwyr Tarian Tom Yeoman.

Ym 1995/96 penderfynodd Cymdeithas Pêl-droed Cymru newid y rheolau o safbwynt pêl-droed plant trwy gwtogi hyd y tymor a newid y drefn i saith bob ochr. Nid oedd swyddogion Cymdeithas Pêl-droed Ysgolion Cynradd Sir y Fflint yn fodlon gyda'r newid, ac am gyfnod hir aethpwyd ati i geisio dwyn perswâd i newid y drefn yn ôl i 11 bob ochr ar gyfer cymdeithasau pêl-droed, fel sy'n digwydd yn Lloegr. Erbyn heddiw, trefn o 8 bob ochr sy'n weithredol, ac mae tîm Sir y Fflint wedi parhau i fwynhau llwyddiant.

Mae llawer iawn o'r pêl-droedwyr hynny a chwaraeodd i dimau ysgolion cynradd Glannau Dyfrdwy/Sir y Fflint wedi cadw mewn cysylltiad â Cledwyn Ashford ar hyd y blynyddoedd. Fel rhan o'r arddangosfa yn Ysgol Bryn Coch cewch weld crys Lerpwl wedi'i lofnodi gan Ian Rush, crysau Everton Kevin Ratcliffe a Barry Horne, crys Leeds United Gary Speed a chrys Lerpwl Michael Owen. Mae'n dda gwybod bod yr unigolion llwyddiannus hyn wedi cydnabod y rhan bwysig a chwaraeodd hyfforddwyr Tîm Ysgolion Glannau Dyfrdwy/Sir y Fflint yn eu datblygiad fel pêl-droedwyr.

Mae Cledwyn Ashford yn ymfalchïo yn llwyddiannau'r tîm ar hyd y blynyddoedd, ac mae'n nodi nifer o uchafbwyntiau.

'Roedd ennill Tarian Tom Yeoman am y tro cyntaf yn achlysur arbennig, ac roedd ennill Gŵyl Bêl-droed Jersey am ddwy flynedd yn olynol gan guro rhai o'r timau gorau yn y broses yn dipyn o gamp.'

Nid yw'n syndod bod Cledwyn yn falch iawn o'r holl chwaraewyr llwyddiannus sydd wedi chwarae i dimau ysgolion Glannau Dyfrdwy/Sir y Fflint ar hyd y blynyddoedd.

'Mae'n fy mhlesio'n fawr i weld bechgyn ifanc yn mynd ymlaen i wneud bywoliaeth yn y gêm ac yn dal i gofio'u hen hyfforddwyr. Mae chwaraewyr fel Gary Speed, Michael Owen, Gareth Owen, Ian Rush, Danny Collins a Simon Spender yn dal i gadw mewn cysylltiad.'

Mae Cledwyn hefyd yn falch fod hyfforddwyr timau ysgolion

Glannau Dyfrdwy/Sir y Fflint wedi gallu cyfrannu at lwyddiant cynifer o bêl-droedwyr.

'Dwi'n gobeithio bod safon y pêl-droed roedd y chwaraewyr hyn yn ei chwarae pan yn ifanc yn bwysig i'w datblygiad, yn ogystal â'r ffaith eu bod yn cystadlu yn erbyn timau gorau Cymru a Lloegr. Mae cymaint o bêl-droed yn digwydd yn yr ardal hon, ac mae'r ffaith ein bod ni'n byw mor agos at dimau fel Lerpwl, Everton, Manchester United ac ati yn ddylanwad pwysig hefyd.'

Mae Sir y Fflint yn dal i feithrin pêl-droedwyr proffesiynol, ac ymysg y to newydd y mae Simon Spender a Danny Williams (Wrecsam), Gareth Jelleyman (Mansfield Town) a Danny Collins (Sunderland). Roedd Danny yn chwarae i Fwcle tan ddiwedd 2001 pan arwyddodd i Gaer. Fel amddiffynnwr canol, helpodd Danny dîm Caer i ennill Pencampwriaeth y Vauxhall Conference cyn denu sylw rhai o'r clybiau mwy. Arwyddodd i Sunderland yn Hydref 2004 am ffi o £140,000 a chwaraeodd i Gymru yn erbyn Hwngari yn Stadiwm y Mileniwm yn Chwefror 2005.

Diweddglo

A dyna ni, felly. Mae'r chwiban olaf wedi mynd! Mae yna gymaint yn fwy y gallwn fod wedi'i ysgrifennu, a chymaint o bêl-droedwyr eraill y gallwn fod wedi rhoi sylw iddynt. Mae'r amser, serch hynny, ar ben, ac nid oes amser ychwanegol nac ymryson ciciau o'r smotyn i fod!

Wrth geisio ateb y cwestiwn pam fod Sir y Fflint, fel ardal Abertawe, wedi meithrin cynifer o bêl-droedwyr da ar hyd y blynyddoedd, mae'n anodd cynnig ateb pendant. Mae'r ffaith fod y sir yn ardal boblog ac yn gadarnle pêl-droed yn un o'r prif resymau, ond credaf fod yna ffactorau eraill hefyd.

Ar hyd y blynyddoedd mae trigolion y sir wedi gallu gwneud y siwrnai fer i lefydd fel Lerpwl a Manceinion i wylio'r clybiau mawr, a does dim amheuaeth bod y ffaith honno wedi bod yn ddylanwad cryf ar yr ardal. Yn ogystal â hynny, mae'r ffaith bod cynifer o gynghreiriau pêl-droed lleol, a hyfforddwyr o'r radd flaenaf, ledled y sir wedi bod yn ddylanwad sylweddol hefyd. Diddorol oedd darllen sylwadau rhai o bêl-droedwyr y gyfrol hon yn nodi'u dyled i rai o'u cyn-hyfforddwyr, ac ni ellir gorbwysleisio cyfraniad Cymdeithas Pêl-droed Ysgolion Cynradd Glannau Dyfrdwy/Sir y Fflint wrth feithrin pêl-droedwyr o safon.

Mae un peth yn sicr – os oes rhywbeth yn yr aer yn Sir y Fflint sy'n troi'r trigolion yn bêl-droedwyr da, mae'n amlwg na wnes i ddim anadlu digon ohono! Go brin y bydd y llyfr bach hwn yn ennill unrhyw gwpan, ond os wyf wedi llwyddo i ddod â rhai o bêl-droedwyr enwog Sir y Fflint i sylw cynulleidfa ehangach, ystyriaf hynny'n fuddugoliaeth o ryw fath!

Llyfryddiaeth

1. *The Racecourse Robins, from Adams to Youds*, 1999, Gareth M. Davies a Peter Jones, Davies & Jones, Ynys Môn (t.96)

2. *www.evertonfc.com* (Chwefror, 2004)

3. *Bangor and Anglesey Mail* (Awst, 2002)

4. *Welsh International Soccer Players*, 1991, Gareth M. Davies ac Ian Garland, Bridge Books, Wrecsam (t.116)

5. *Flintshire Chronicle* (Ionawr 2004)

6. *My Memories of Everton*, 2003, Kevin Ratcliffe, Britespot Publishing, Cradley Heath (a-t.13, b-t.39, c-t.49, d-t.91)

7. *When Pele Broke Our Hearts*, 1998, Mario Risoli, Ashley Drake Publishing, Caerdydd (t.37)

8. *www.nqsouthern.com* (Mawrth, 2004)

9. http://news.bbc.co.uk/sport1/hi/football/internationals/3741366.stm (Tachwedd, 2004)

10. *Daily Post* (Ionawr 5, 1994)

11. *www.millwall-history.co.uk* (Chwefror, 2004)

12. *Wales On Sunday* (Awst 15, 2004)

13. *Liverpool's Dream Team*, 1997, Stan Hey, Mainstream Publishing, Caeredin (a-t.167, b-t.168, c-t.159)

14. *My Italian Diary*, 1989, Ian Rush, Weidenfeld Publishers, Llundain (t.140)

15 *Daily Post* (Awst, 2004)

Hoffwn nodi fy nyled i'r llyfrau canlynol – *The Racecourse Robins from Adams to Youds*, Gareth M. Davies a Peter Jones (Davies a Jones, 1999), *Welsh International Soccer Players* gan Gareth M. Davies ac Ian Garland (*Bridge Books*, 1991), a *Wales – The Complete Who's Who Of Footballers Since 1946*, Dean P. Hughes (*Sutton Publishing*, 2004). Defnyddiais y llyfrau hyn i gadarnhau llawer o ddyddiadau a ffeithiau.